Elie Wiesel

NOAH
oder
Ein neuer Anfang

Elie Wiesel

NOAH
oder
Ein neuer Anfang

Biblische Portraits

Aus dem Amerikanischen
von Reinhold Boschki

Herder
Freiburg · Basel · Wien

Titel der Originalausgabe:
Sages and Dreamers.
Portraits and Legends from the Jewish Tradition
© Elirion Associates, Inc., Touchstone/Simon & Schuster,
New York 1991

Alle Rechte vorbehalten – Printed in Germany
© Verlag Herder Freiburg im Breisgau 1994
Herstellung: Clausen & Bosse, Leck
Gedruckt auf umweltfreundlichem,
chlorfrei gebleichtem Papier
ISBN 3-451-23271-5

Im Gedenken
an meine Mutter, Sarah bat Hava-Deborah,
und meinen Vater, Schlomo ben Nissel,
deren Liebe zum Studium
mich bis zum heutigen Tage trägt

Inhalt

VON DEN UMHERZIEHENDEN MAGGIDIM MEINER KIND-
HEIT lernte ich, den biblischen Text zu lesen und auszule-
gen. Gebannt hörte ich zu, wie sie mit Gleichnissen und
Zitaten jonglierten, mit Versen und deren Erklärungen, um
ihnen eine verborgene Bedeutung zu entlocken, einen ethi-
schen Grundsatz: eine Lehre. Dann, nach dem Krieg, in
Paris, war es mein geheimnisvoller Lehrer und Meister,
Haraw Schouschani, der mir den gleichen Pfad wies.

Noahs Warnung

WIR WOLLEN MIT DEM ENDE BEGINNEN – ich meine, mit dem, was das Ende hätte sein können, nicht das Ende *einer* Geschichte, sondern das Ende der Geschichte. Denn wenn die Apokalypse je einmal unwiderruflich schien, wenn das Universum je einmal kurz vor dem Verstummen stand, dann war es damals, gleich zu Beginn. Es schien, als hätte Gott sich entschlossen, eine seltsame Legende zu erzählen – eine Legende, in der sich Epilog und Prolog die Hände reichen und nichts mehr zwischen ihnen liegt.

Es hat den Anschein, als sei die Schöpfung an diesem besonderen Punkt in der Bibel zum Stillstand gekommen. Gott spricht von *Ketz kol bassar:* Er erwähnt das Ende, das mystische Ende. Das Wort, das Er gebraucht, ist weder *Sof* noch *Sijum* (was beides ebenso Ende bedeutet), sondern *Ketz:* eine brutale Beendigung, ein Zusammenbruch aller Systeme – der Abschluß eines Schauspiels, das kaum eröffnet war ... und, so könnte man sagen, von kaum jemandem zur Kenntnis genommen wurde.

Deshalb betreten wir die Erzählung mit panischer Angst: Das Schicksal der Menschheit steht auf dem Spiel. Ihre Rettung hängt am seidenen Faden. Gott hat alle Dinge erfunden, alle Lebewesen erschaffen, auch den Menschen, und nun ist Er im Begriff, sie alle zu vernichten – mit einem Schlag.

Warum? Wir wissen warum. Wir bekommen die Gründe genannt, Punkt für Punkt. Es scheint, als sei die Schöpfung von ihrem Schöpfer abgefallen. Kein Wunder, daß Er enttäuscht war. Das ist verständlich. Er hatte gehofft, etwas Einzigartiges zu schaffen: ein Werk der Reinheit und Ekstase, ein kolossales Projekt mit grandiosen Möglichkeiten.

Und dann folgte die Ernüchterung. Er war verkannt worden, irregeführt, verraten.

Verraten von Seinem Lieblingsgeschöpf, dem priviligiertesten, betrogen vom Menschen, der Seines Vertrauens und Seiner Güte nicht würdig war. Ihre Beziehung hätte so vorteilhaft sein können, doch sie war es nicht. Denn der Mensch, in seiner Dummheit, seiner Kleinlichkeit, in seinem Egoismus, hat alles verdorben und zerstört.

Gott entschloß sich deshalb, lieber jetzt und dort dem Ganzen ein Ende zu setzen. Vorhang, bitte. Der Autor ist völlig unzufrieden mit der Aufführung. Er entschließt sich, an einem anderen Entwurf zu arbeiten. Und abermals zu beginnen. Von Anfang an.

Daher der desillusionierte Ton, der durch die ganze Erzählung hallt – eine der traurigsten und bedrückendsten Geschichten der Schrift. Alles in ihr ist bedrohlich, feindselig, erbittert. Die Vorhersehung kam ins Rollen, nichts und niemand kann sie aufhalten außer Gott selbst, der nicht den geringsten Willen hat, sie zu stoppen. Er selbst hatte sich den Befehl erteilt, wer sonst könnte die Ausführung verhindern?

Jedoch, wie steht es mit der Reue? Was wäre, wenn den Menschen plötzlich überall die Augen und die Herzen aufgegangen wären und sie beschlossen hätten, sich zu bessern? Unwahrscheinlich? Unvorstellbar? Der Text behauptet es. Gott hatte den Plan, die Erde auszulöschen, weil sie rettungslos verloren war. Ihre Verdorbenheit war total. Alle Menschen waren Sünder. Noah war die Ausnahme, so wie später Abraham die Ausnahme in Sodom sein sollte. Noahs Welt war wie Sodom, nur größer als eine Stadt, größer als eine Nation: Man stelle sich Sodom vor, wie es die ganze Welt beherrscht, und man kann sich ausmalen, wie die Gesellschaft zur Zeit Noahs aussah. Doch die Strafe für Sodom war Feuer, die für Noahs Welt war Wasser.

Die Gesellschaft war verdorben, der Mensch verabscheuungswürdig und das Leben vergiftet. Dies alles waren böse

Omen für das Ende der Welt. Der Mensch hatte keine Möglichkeit mehr einzugreifen. Gott wollte es so, und Gottes Wille sollte zählen.

Aus diesem Grunde liegt ein beunruhigender Unterton in der ganzen Erzählung, der Ton einer Prophezeiung, die sich erfüllen wird – auf alle Fälle, um jeden Preis. Die Stadt Ninive wird gerettet werden, nicht so Noahs Welt. Jonas Schreckensvision wird eine Halluzination bleiben, nicht so die des Noah: sie war im Begriff, Wirklichkeit zu werden.

Man lese die Geschichte, und man wird überrascht sein, wie konkret alles erzählt wird: Daten, Personen, Größenordnungen. Man könnte es fast für eine technische Abhandlung halten. Die Größe der Arche, die Dauer der Flut, die ethnische und soziale Zusammensetzung der Überlebenden, deren wechselnde Stimmungen – von Verzweiflung zur Hoffnung –, was sie essen, was sie trinken. Der Text berichtet von einem absoluten Ereignis und umfaßt deshalb Himmel und Erde in ihrer Gesamtheit.

Darum lesen wir die Episode mit einem seltsamen Gefühl der Zeugenschaft, die sich nicht auf die Vergangenheit sondern auf die Zukunft bezieht – eine Zukunft, unwiderruflich wie das Leben. Und der Tod.

Aber die Frage liegt auf der Hand: Warum? Warum diese kollektive Bestrafung? Warum diese fast völlige Auslöschung des Menschengeschlechts und aller Lebewesen? Warum sollten die Fluten alles in den Abgrund spülen, was zahllose Männer und Frauen in so vielen Ländern und Generationen je erdacht und erreicht, gefürchtet und verehrt, erbaut und wiedererbaut hatten? Der Text bietet keine Antworten, jedenfalls keine befriedigenden. Alles, was wir erfahren, ist, daß die Menschheit gesündigt hat. Aber wir werden nicht in die Art ihres Verbrechens eingeweiht. Welche Gesetze hat die Menschheit übertreten? Wo? Wann? Wir wissen es nicht. Wir sollen es nicht wissen. Warum nicht? Schließlich, wenn die Strafe dem Verbrechen gerecht werden soll, würden wir gerne wissen, welches Verbrechen eine solche Strafe nach sich ziehen kann. Sollten wir es nicht schon allein deshalb erfahren, um weitere Katastrophen zu verhindern? Uns werden Kains Verbrechen und die Sünden des Pharao berichtet. Aber wessen war die Gesellschaft schuldig, in der Noah geboren wurde und aufwuchs? Allgemein gesprochen: Kann eine ganze Generation für schuldig befunden werden? Kann eine ganze Generation kollektiv gerichtet und verurteilt werden? Sollten wir nicht wenigstens erfahren, warum?

Wenn ich die Geschichte von Noah und seinen Kindern wieder und wieder lese, sehe ich mich als Kind im *Cheder*, eine zerfledderte Bibel studierend. Ich sehe mich unter den aufmerksamen Augen des Lehrers, ich sehe die Welt davor... vor einer anderen Flut, die, die meine Generation heimsuchte.

Ich lese und lese die Geschichte Noahs, und ich empfinde Gefühle der Freude und Angst, die auch andere teilen: In viertausend Jahren haben wir gewisse Sätze so oft wiederholt, daß sie unsterblich geworden sind.

Die tiefe Schönheit der Bibel liegt darin, daß ihre Personen keine mystischen Figuren sind, ihre Abenteuer keine phantastischen Gespinste. In ihnen schwingt Leben und Wahrheit, weshalb sie den, der sich ihnen nähert, auffordern, in ihr Leben einzutreten und seine Bestimmung zu suchen.

Noah – ein Gerechter: *Der* »Gerechte seiner Generation«, genauer, »seiner Generationen«! So sollen wir es glauben, und wir tun es gerne. Aber, später werden wir sehen, daß dies nicht immer so einfach ist. Wenn wir ihn genau ansehen, ihn von verschiedenen Seiten betrachten, scheint er uns weniger bewundernswert.

Das gleiche gilt für alle anderen Figuren in dieser Erzählung. So, wie sie im Text und seinen verschiedenen Kommentaren gezeichnet werden – bisweilen begeisternd, bisweilen beunruhigend –, treten sie uns in ihrer ganzen Gespaltenheit, ihrer Ambivalenz, entgegen.

Wir werden sehen, daß die Guten weniger gut sind als wir sie – oder sie sich – einschätzen. Und daß die Frevler längst nicht so schlecht sind, wie man glaubt. Man lese die Quellen und lese sie abermals, und man wird von ihrer Tiefgründigkeit bezaubert. Man wird unter jedem Antlitz ein anderes Antlitz entdecken, unter jeder Geschichte eine andere Geschichte.

Im Anfang ist Noah ein guter Mensch, vielleicht der beste. Sein Auftritt auf der Bühne wird mit Beifall bedacht. Sein Name bedeutet Trost und Verheißung. Beides findet sich im Text. Im Alter von einhundertzweiundachtzig Jahren bekommt Lamech einen Sohn geschenkt, dem er den Namen Noah gibt, »der uns wegen unserer Taten und wegen der Melancholie, die unser Tun begleitet, trösten wird«. Tapferer Lamech: Er beherrschte die hebräische Sprache gut genug, um die Verbindung zwischen Noah und *nechama* (Tröstung) herzustellen. Bedaulicher Lamech: Er ist traurig, weil er seine Arbeit nicht mag. All seine Zeitgenossen sind melancholisch. Warum? Vielleicht wegen ihrer Vorfahren Adam und Eva, die Gott dazu brachten, die Erde zu verfluchen. Aber dennoch, warum sollten ihre Nachfahren wegen ihrer Schuld leiden? Eigentlich müßten sie nicht leiden, aber sie tun es. Und darum sind sie alle schwermütig. So sprach Lamech: Mein Sohn ist die Antwort auf jenen Fluch und auf unsere Traurigkeit. Er wird den Lauf der Dinge verändern. Er wird den Menschen mit seiner Arbeit versöhnen.

Noah hätte ohne Zweifel gewußt, was zu tun ist, hätte seine Aufgabe nur im Zusammenhang mit der Melancholie des Menschen gestanden. Aber sie war größer. Die Bibel enthüllt mit schmerzlicher und überraschender Klarheit, daß, in jener Zeit, das menschliche Dilemma nur Gottes kosmische Traurigkeit widerspiegelte.

Denn inzwischen hatten Männer und Frauen sich vermehrt; sie hatten Kinder geboren, die etwas besonderes gewesen sein müssen, denn Söhne Gottes verliebten sich in ihre Töchter und heirateten sie. Und angesichts dieser Miß-ehen (oder nennen wir es lieber Mischehen) erkannte Gott, der himmlische Vater sowohl der Bräute als auch ihrer Männer, daß er einen Fehler begangen hatte. Er hätte die Welt nicht erschaffen sollen, und vor allem, er hätte ihr Schicksal nicht in die Hände einer so unberechenbaren Kreatur wie den Menschen legen dürfen. Also ergreift er in seiner unergründlichen göttlichen Logik drastische Maß-nahmen, um den Fehler zu korrigieren: Er wird alles ausra-dieren. Alles, was lebt, wird aufhören zu leben. Mensch-liche Lebewesen und Vögel und Tiere und Pflanzen und Blu-men, sie alle müssen verschwinden. In Seiner Enttäuschung und Traurigkeit neigt Gott zu radikalen Lösungen.

Und dann, ganz plötzlich, nimmt die Erzählung eine überraschende Wendung: Ohne die kleinste Überleitung oder Vorbereitung wird plötzlich berichtet, die Gemütslage des Allmächtigen habe sich gewandelt: »*We-Noah matza ken beeinei adoschem* – Und Noah fand Wohlgefallen in den Augen des Herrn…« Noch in der vorhergehenden Epi-sode, im vorhergehenden Satz, bereut es Gott, sich Seinen eigenen Illusionen hingegeben zu haben, bereut es, in Blick auf den Menschen so naiv gewesen zu sein, und auf einmal zitiert er Noah herbei und setzt ihn ins Rampenlicht. Wo war Noah bis dato? Was hat er getrieben? Was war so Be-sonderes an ihm, daß er plötzlich Gottes Auserlesener wurde? Genau von diesem Augenblick an war die Mensch-heit in zwei Teile gespalten: auf der einen Seite, verachtens-werte menschliche Wesen, auf der anderen Seite, ein einzi-ger Mann: Noah, Gottes Trost und Freude. Der Text bringt es auf den Punkt: »*Ele toldot Noah – Noah isch zaddik haja bedorotaw*«, was soviel heißt wie: »Hier ist die Geschichte Noahs, der sein Leben lang vom Bösen unberührt und ein gerechter Mann blieb.« Er ist bestimmt, die Menschheit zu retten. Noah, Sohn des Lamech, Enkel des Metuschelach. Noah, Vater von Sem, Ham und Jafet. Noah, Gottes Zeuge und Gottes Sprachrohr. Noah, ein einzigartiges menschliches Wesen, Zeuge eines singulären Ereignisses, eines Ereignisses ohnegleichen in der menschlichen Gerichtsbarkeit und in der unmenschlichen Strafjustiz.

Gott faßt Vertrauen zu ihm. Ich habe so viel erduldet, sagt Er. Ich war so geduldig, so gütig. Die Menschen sind lasterhaft, und Ich habe beschlossen, sie zu bestrafen. Das alles erzähle Ich dir, um dir Zeit zu geben, dich vorzubereiten. Baue dir eine Arche. Sofort. Verliere keine Zeit. Beginne jetzt.

Und Noah gehorcht. Buchstabengetreu befolgt er die göttlichen Instruktionen. Er tut und sagt, was Gott von ihm will. Seiner Mission getreu, erfüllt er sie bis zum Schluß. Dank ihm wird die Menschheit überleben – sie wird *durch* ihn überleben. Die Welt wird untergehen, doch Noah hat sie trotzdem gerettet. Die Fluten werden kommen und wieder gehen, und dank Noah wird die Menschheit aufs Neue beginnen zu leben: zu arbeiten, zu hoffen, zu sündigen, zu bereuen.

Dies ist das Thema der Geschichte.

Es liest sich wie ein Theaterstück: Wir schauen Noah bei seinen Vorbereitungen zu, wir sind Augenzeugen seines Dramas, seiner Tragödie, wir sehen die Konsequenzen, das Nachspiel. Schritt für Schritt folgen wir den Ereignissen von Anfang bis zum Ende. In der Tat folgen wir Noah auf seinem Weg direkt in die Arche – andernfalls wären wir nicht hier, um die Geschichte zu erzählen.

Der Schauplatz: alle Kontinente unter der Sonne. Das gesamte Universum. Die ganze Schöpfung ist darin verwickelt. Die Mitwirkenden: alle Dinge und Geschöpfe, die es gibt. Und alle sind im Begriff zu verschwinden.

Die Besetzung mit den Schauspielern ist zweifellos großartig – und Noah wird zum Star. In jedem Akt spielt er eine Rolle, er beherrscht jede Szene. Und Gott? Gott ist sein Verbündeter und Beschützer. Gott, der oberste Bühnendirektor, Regisseur der Szenen und Texte. Er entscheidet, wann der Vorhang sich hebt und wann er fällt. Alles, was geschieht, ist Seiner Macht und Seinem Zorn Rechenschaft pflichtig.

Auf den ersten Blick scheint die Situation eindeutig: Die Gesellschaft ist schlecht, also ist sie verdammt, nicht jedoch Noah, darum wird er gerettet. Was Gott betrifft – Er ist gerecht, Er meint es nicht böse mit seinen Geschöpfen. Im Gegenteil: Er will ihnen helfen, einen Sinn für Gerechtigkeit zu erlangen. Wie könnte Er über das Weltall herrschen, ohne die Bösen zu züchtigen und die Guten zu belohnen? Deshalb ist alles einfach – fast wie in einem Märchen. Noah ist das, was die anderen nicht sind – deshalb muß sein Schicksal anders, besser sein als ihres. Sie werden sterben, er wird leben. Es soll bekannt werden, daß gute Taten Leben hervorbringen, und schlechte Taten den Tod nach sich ziehen. Klar? Ja… und nein. ›Ja‹ in der Bibel, ›nein‹ in ihren Kommentaren. Die talmudische Interpretation der Geschichte Noahs ist weitaus komplizierter.

Wir wollen sie noch einmal betrachten. Eine Tatsache schien uns selbstverständlich – nämlich, daß alle Menschen boshaft waren und darum den Tod verdienten. Aber wessen waren sie eigentlich angeklagt? Lamech spricht von Melancholie, Gott von Verdorbenheit. Verdorbenheit: das Schlüsselwort der Geschichte – oder genauer, der Vorgeschichte. Verdorbenheit des Fleisches, der Sinne, der Bevölkerung, des Landes, der Werte. Verdorbenheit zeugt *Chammass:* Raub, Gewalt, Haß – die absolute Verachtung des Mitmenschen. Zu Noahs Zeiten frönten die Menschen allein sich selbst, auf jede erdenkliche Art und Weise. Sie waren nur damit beschäftigt, ihre abscheulichsten Instinkte zu befriedigen. Reichtum, sexuelle Promiskuität und Götzendienst waren ihre drei Hauptbeschäftigungen.

Heute jedoch mögen wir uns fragen: Na und? Ist die Gesellschaft unserer Zeit um ein Haar weniger dekadent? Kann irgend jemand schlüssig beweisen, ob Noahs Zeitgenossen noch mehr von Sex beherrscht waren als die unseren? Glaubt jemand wirklich, daß die Menschen von heute an Geld weniger interessiert sind als damals, zu Noahs Zeiten? Oder wird dem Erfolg heute weniger Respekt und Ehrfurcht zuteil als den Götzen von Anno dazumal?

Wären die biblischen Quellen doch nur ein wenig präziser in ihren Anschuldigungen oder würden sie doch Einzelfälle aufführen, um ihre Aussagen zu beweisen. Wer hat wem was angetan? Nicht ein einziger Name, ein einziges Verbrechen, ein einziges Opfer wird genannt. Seit wann lassen wir in juristischen Dingen Statistiken entscheiden? Ohne Zweifel, es gab sicher boshafte Menschen, es muß sie gegeben haben; sicher waren einige boshafter als die anderen, was bedeutet, daß es auch *weniger* Boshafte gab!

Der Text betont die menschliche Fehlbarkeit und menschlichen Verfehlungen im Kontext sozialer Beziehungen. Gott nahm den Menschen nicht so sehr ihren Mangel an Gottesglauben übel, als vielmehr ihren Mangel an gegenseitigem Respekt. Sie waren der Lüge, des Diebstahls und der gegenseitigen Beleidigung schuldig – sie waren schuldig, ihre Mitmenschen angegriffen, beschämt und zum Opfer gemacht zu haben. Daraus jedoch folgt, daß es sowohl Täter wie Opfer gab. Waren die Opfer ebenso schuldig wie die Täter? Und wenn nicht, warum wurden sie dann bestraft? Oder fragen wir wenigstens, warum sie dann die gleiche Strafe erhalten hatten? Zugegeben, die Welt war ungerecht. War auch Gott ungerecht?

Auf der anderen Seite, was wäre, wenn Noahs Zeitgenossen tatsächlich weniger bösartig gewesen wären, als sie in der Erzählung ausgemalt werden? Man denke an Raschis Kommentar: »*Noah isch zaddik haja bedorotaw* – und Noah war der Gerechte seiner Generation« – oder Generationen. Das bedeutet – möglicherweise –, hätte Noah zu anderen Zeiten gelebt, hätte er diesen Titel vielleicht nicht verdient. Nehmen wir Schmuel und Jiftach: Beide waren Anführer, moralische Führer, wenn man sie mit ihren Zeitgenossen vergleicht. In der Zeit Schmuels jedoch hätte Jiftach schwerlich die moralische Führerschaft erlangt. Raschi bietet eine andere Erklärung an: »Hätte Noah in besseren Zeiten, in einer gesünderen Gesellschaft gelebt, wäre er noch viel großartiger gewesen.« Ob man nun der ersten oder der zweiten Hypothese folgt, eines ist klar: Noah mag mehr oder weniger groß gewesen sein – seine Zeitgenossen waren das Gegenteil von ihm. Und Noah hatte Glück, an ihnen gemessen zu werden. Nun aber taucht eine andere Frage auf: Wenn Noah gar nicht so viel besser als die anderen war, warum wurde er verschont? Gar hoch gelobt?

Da er stets im Rampenlicht steht, wollen wir ihn weiter untersuchen. Wer ist Noah? In der biblischen Erzählung erscheint er fromm und gottesfürchtig. Er unterwirft sich ganz dem Willen Gottes, ergreift aber nie die Initiative. Was Gott von ihm will, tut er – er tut es, aber nichts weiter. Was wäre, wenn Gott es vorgezogen hätte, nicht mit ihm zu sprechen? Oder wenn Gott es vorgezogen hätte, mit jemand anderem zu sprechen? Hätten die anderen nicht zu Gott sprechen können: »Höre, Herr des Universums, Du bist unfair. Wenn Du willst, daß wir uns anders verhalten, warum hast Du es uns nicht gesagt? Persönlich, nicht durch einen Abgesandten?« Noah gehorchte, natürlich tat er dies. Wer hätte unter diesen Umständen anders gehandelt?

In der talmudischen Literatur wird die Persönlichkeit Noahs mit Vorsicht behandelt. Die Einschätzung ist differenzierter. Über ihn wird eine Reihe von Legenden erzählt und eine Reihe von Urteilen angeboten. Klar, daß unsere Weisen und Erzähler von dem Mann fasziniert waren. Hat er sein Schicksal verdient? Die erste, spontane Antwort lautet wahrscheinlich: Ja, Noah war gutherzig und gerecht, und in der Tat verdient er Ruhm, Preis und Ehre, nicht nur für das, was er selbst getan hatte, sondern auch für das, was an ihm wegen *ihm* getan wurde. Mit anderen Worten: Allein durch seine Existenz, setzte er Zeichen. Innerhalb der zehn Generationen, die zwischen Adam und Noah liegen, war die Schöpfung ins Chaos gefallen. Als Folge von Adams

Sünde hatten die Tiere begonnen zu revoltieren. Der Mensch war nicht länger Herr über sie. In dem Moment, als er in Ungnade fiel, verlor er seine Macht über seine Umwelt. Erst durch Noahs Auftritt erhielt er sie zurück: Vögel und Tiere »beruhigten« sich Dank dem, dessen Name »Ruhe« bedeutet. Aufgrund dessen, wer er war und was er war, akzeptierten sie den Menschen erneut als Herr und Meister.

Die Legende berichtet auch, daß Dank Noah die Natur ihren regulären Rhythmus wiedergefunden hatte, den sie als Nachwirkung von Adams Schande verloren hatte. Vor Noah hatten die Menschen das eine gepflanzt und etwas anderes geerntet; es gab keine Beziehung mehr zwischen der menschlichen Anstrengung und den Früchten, die sie hervorbrachte. Ein anderes Symptom der universalen Erschütterung jener Zeit: Die Menschen wurden alt geboren; sie kamen im Alter von fünfzig oder sechzig Jahren auf die Welt. Sie wußten nichts von der Unschuld und der Freude der Kindheit. Wessen Schuld war es? Die Adams. Und Evas. Schließlich, zehn Generationen später, waren wieder Kinder und Erwachsene auf der Welt zu finden. Wessen Verdienst war es diesmal? Der Noahs.

Noah war nicht nur gerecht, er war auch praktisch veranlagt. Wer hat die Werkzeuge erfunden? Noah. Wer den Pflug? Noah. Noah, der Wohltäter der Arbeiterklasse, vertrat auch die Interessen der Bauern und Seeleute. In einem Satz: Noah war der höchste Freund des Menschen und der Menschheit. So sehr, das nach dem Midrasch selbst die Magier und Hexenmeister ihn fürchten lernten. Nach seiner Geburt, ging sein Vater Lamech zu dessen Vater, dem alten Metuschelach, um ihm die freudige Nachricht zu überbringen. Man beachte, Lamech war noch jung: nur einhundertzweiundachtzig Jahre alt. Metuschelach antwortete: »Mein Sohn, nenne dein Kind nicht Noah, denn die Bösen werden ihn töten.« »Welchen Namen soll ich ihm geben?«, fragte der frischgebackene Vater. »Nenne ihn Menachem (den Tröster)«, antwortete Metuschelach.

Aus der Episode lernen wir drei Dinge: Erstens, in jenen Tagen schon gaben die Eltern gerne ungefragte Ratschläge. Zweitens, in jenen Tagen konnten die Kinder ganz gut ohne sie leben. Drittens, nichts hat sich geändert.

Mit seiner schöpferischen Phantasie fügt der Midrasch weitere Details zu Ehren Noahs hinzu: Er sei bereits beschnitten geboren. Er, der frühreife, intelligente, herausragende Mann, kannte die Sprachen aller Menschen und aller Kreaturen; er verstand sogar die Zeichensprache. Er fing an zu studieren. Was? Medizin. Er schrieb seine Doktorarbeit im Fach Medizin. Aber die Wahrheit muß gesagt werden, Noah erhielt dabei professionelle Hilfe: vom Engel Raphael, demselben, der ihm später sein Buch über Schiffbau lieh, als Noah sich Gedanken machen mußte, wie er eine Arche für sich und seine Familie bauen könne. Vielleicht blieb Noah aus diesem Grunde bescheiden, demütig und einfach. Der Midrasch besteht auf der Tatsache, daß Noah seinen Vater Lamech und seinen Großvater Metuschelach eigenhändig pflegte: Anstatt ihn in ein Altersheim zu geben, behielt er ihn zu Hause.

Vom Talmud wird er fast schon wie ein Heiliger in eine Reihe mit Adam und Abraham gestellt. Für das, was er erreichte? Nein, für das, was er erdulden mußte. Einmal auserwählt als Werkzeug der Geschichte, wurde er ganz und gar von seinem Schöpfer geformt, der die Fäden der Handlung vom Anfang bis zum Ende in den Händen hielt. Armer Noah: Er war eher das Objekt seiner eigenen Geschichte als deren Subjekt. Aber warum dann suchte ihn Gott für diese Rolle aus? Weil er auf irgendeine Weise anders war als seine Mitmenschen. Vielleicht hatte er Qualitäten, von denen Gott wußte – von denen Gott allein wußte.

An diesem Punkt mag man es erraten haben; falls nicht, ist es Zeit, laut zu sagen, was im Talmud nur geflüstert wird: Noah erhielt nicht den einmütigen Beifall unserer Weisen. Einige werfen ihm seinen Mangel an Vertrauen und Glauben vor. Noah, der einzige, der Gottes Warnungen glaubte, wurde dessenungeachtet später der Selbstgefälligkeit bezichtigt! Ein Kommentator behauptet gar, Noah habe Gottes Worte nicht ernst genommen. Er habe nicht an die Flut geglaubt. Der Talmud verrät uns: Noah lebte weiter wie zuvor, selbst als der Regen bereits anfing. Er wartete ab, und erst, als er bis zu den Knöcheln im Wasser stand, riß er sich von zu Hause los und bestieg die Arche. Mag sein, Rabbi Hanina ben Pappa übertreibt, aber seine Version ist folgende: Noah, so sagt er kategorisch, hatte es nicht verdient, gerettet zu werden. Aber ohne ihn, hätte es Moses nicht gegeben – und Gott wollte Moses. Darum, wäre es nicht um Moses gegangen, wäre Noah ein Nobody geblieben.

Andere Kommentatoren zürnen Noah, weil er nicht genug mit dem Himmel zürnte. Sie klagen ihn an, zu hörig, zu unterwürfig, ja, zu egoistisch gewesen zu sein.

Man beachte den Unterschied, sagt einer der talmudischen Weisen: Als Gott sein Volk vernichten wollte, beruhigte er Moses damit, er würde ihm ein anderes Volk geben, zahlreicher, mächtiger, wohlhabender als das erste. Moses entgegnete: Ich will kein anderes Volk. Ich verlange von Dir, dieses Volk am Leben zu lassen. »Wajehal Mosche«, sagt die Schrift: Moses, voll Angst, begann zu beten und flehte zum Himmel, den Erlaß aufzuheben... Tat Noah etwa dasselbe? Hat er je mit Gott gestritten, wie Abraham es tat? Hat er Ihn je um Erbarmen angefleht? Hat er je auch nur ein Wort des Protests – oder des Gebets – geäußert? Hat er sich bei Gott je für die zahllosen Menschen verwendet, die schon verdammt waren, ohne es zu wissen? Sobald er hörte, daß er selbst außer Gefahr war, stellte er keine Fragen mehr, er hörte auf, sich irgendwelche Sorgen zu machen. Es scheint, als habe er vor, während und nach der Katastrophe mit sich und mit Gott in Frieden gelebt – bis zu dem Punkt, an dem ihn Gott zurechtwies, um ihn an seine Pflichten der Menschheit gegenüber zu erinnern. Es war Gott, der ihn aufstachelte, bis er mit Zorn reagierte.

Lesen wir einen Midraschtext ein zweites Mal: Als Noah am Ende die Arche verließ und der Tragweite und des Ausmaßes der weltweiten Verwüstung gewahr wurde, wandte er sich an Gott und fragte: Herr des Universums, wir nennen Dich *Rachum*, den Gnädigen, den Gütigen, den Mitleidenden – wo ist Deine Gnade, Deine Güte, Dein Mitleid? Doch Gott wies ihn in seine Schranken: Du bist nichts als ein dummer Viehhirt, sagte der Allmächtige. *Jetzt*, jetzt erst stellst du mir diese Frage? Wenn alles zu spät ist, wenn alles vorbei ist? Warum hast du deinen Mund nicht vorher aufgetan? Wirklich, Noah, ich hatte dir ins Gesicht gesagt: »*Ki otka raiti zaddik lefanai*«, das heißt, daß ich dich für einen *Zaddik*, einen Gerechten, halte – was glaubtest du, warum ich dir das gesagt hatte? Doch nur aus einem Grund: um dich auf deine Mission aufmerksam zu machen, dich zu zwingen, für die Menschen einzutreten. Warum hätte ich dich sonst einen *Zaddik* genannt? Ich wollte, daß du dir den Mantel eines Führers umhängst und deine Stimme für die, die zum Opfer werden sollten, erhebst. Aber du schwiegst. Von dem Moment an, an dem ich dir abermals versicherte, daß du gerettet werden wirst, sagtest du nichts mehr. Du warst zufrieden und selbstgefällig. Du hast dich entschieden, mein Komplize statt ein Freund der Menschheit zu werden – und erst jetzt erhebst du deine Stimme?

Aber noch eine weitere Frage drängt sich auf: Wenn Noah wirklich so war, wie ihn der Talmud darstellt und wie Gott ihn darstellt, warum wird er dann ein *Zaddik* genannt? Ein Mann ohne Mitgefühl, Wärme, Großmut, Phantasie, ein Mann ohne den geringsten Sinn für seine Rolle in der Gesellschaft, geschweige denn in der Geschichte, einer, der nur an sich selbst denkt, an sein eigenes Vergnügen, seine eigene Sicherheit: Wie kam unsere Tradition auf den Gedanken, diesen Mann als *Zaddik* zu behandeln? Weil er besser als die meisten Leute war? Warum hat er nicht versucht, sie vor dem sicheren Tod zu retten?

Gleichzeitig aber wollen wir fair sein. Noah hat sich verändert – danach. Nachdem er Zeuge der Zerstörung geworden war, wuchs seine Sensibilität für deren Bedeutung. Und er brachte den Mut auf, wenn auch zu spät, Fragen an Gott zu richten. Obwohl er zuvor kein Gerechter war, handelte er später gerecht. Die Erfahrung der Flut hat ihn verändert. Plötzlich war er nicht mehr derselbe Mensch, dieselbe Person. Diese echte Metamorphose wird in der talmudischen Literatur wie folgt beschrieben: *Vor* der Katastrophe wird er als guter Sohn bezeichnet, aber nichts wird darüber gesagt, ob er ein guter Vater war. Es scheint, als hätte er gedacht, Kinder hätten keinen Platz in einer verdorbenen und korrupten Gesellschaft. Später wandelt er sich in einen guten Vater. Er wird zu einem *Isch Adama*, einem Gutsbesitzer und Landarbeiter, einer Person, die durch die Arbeit mit seinen Mitmenschen weiterkommen will, ein Überlebender, der verzweifelt versucht, ein Königreich auf den Ruinen eines Abenteuers zu erbauen, das mit Blut und Tod endete.

Stimmt im Blick auf Noah das Wort »Ende gut, alles gut«? Nein. Das Bild, das wir soeben von ihm entworfen haben, das Bild eines reumütigen *Zaddik*, ist unglücklicherweise irreführend.

Traurig nehmen wir zur Kenntnis, was mit Noah in seinem späteren Leben geschah. Der Text eröffnet, daß Noah im Laufe seiner langen Reise zwei Adjektive verliert. Am Anfang, vor der Flut, wurde er »*Isch zaddik wetamin*« genannt: ein gestandener Mann, gerecht und makellos. Dann, als Gott später mit ihm spricht, entzieht er ihm zunächst den Titel »*tamin*«, schließlich den Titel »*zaddik*«. Noah verliert beide Auszeichnungen. Was bleibt? Der Name Noah, der soviel bedeutet wie »eine in sich ruhende Person«, ohne Sorgen, ohne böse Träume, ohne schlechte Gefühle, vielleicht gar ohne schlechte Erinnerungen. Noah bedeutet *Noah labriot*, eine umgängliche Person. Jemand, der sich mit anderen Menschen arrangiert – selten das Kennzeichen eines Gerechten.

Studiert man die Ereignisse nach der Flut, bekommt man ein klares Bild von dem Menschen Noah. Was ist das erste, das er nach Verlassen der Arche tut? Er baut einen Altar und bringt Gott ein Opfer dar. Das ist recht, das ist normal, es ist genau das, was man tun sollte; schließlich verdankt er Gott sein Überleben, er verdankt Gott alles.

(Darf ich an dieser Stelle eine persönliche Erinnerung einfügen? 11. April 1945: Buchenwald. Jüdische Überlebende, hungernd, ausgemergelt, krank und geschwächt durch Angst und Terror, begrüßen die plötzlich erlangte Freiheit auf sonderbare Weise: Sie haschen nicht nach den Nahrungsmitteln, die ihnen die amerikanischen Befreier anbieten. Statt dessen sammeln sie sich in kleinen Runden und *dawen*, beten: Ihr erster Akt als freie menschliche Wesen ist es, *Kaddisch* zu sagen und damit Gottes Namen zu rühmen und zu heiligen.)

Aber was macht Noah als nächstes? Er hört auf Gott, der ihm versichert: Nie wieder! Nie wieder will Er die Menschheit auf diese Weise bestrafen. Gott schließt einen Bund mit Noah und gibt ihm das feierliche Versprechen, daß es keine Sintflut mehr geben wird – niemals. Und dann? Dann hebt Gott überraschend an, ihm einen Vortrag über die Bedeutung des Lebens zu halten. Gott preist das Leben und verdammt Mord und Selbstmord wie nie zuvor. Wie absurd, oder zumindest paradox: Gerade eben hatte Gott die Menschheit zum Tode verurteilt und nun, fast im selben Atemzug, erhebt er seine Stimme zu einem Loblied auf das Leben. Wie konnte Er nur? An diesem Punkt macht Noah etwas sehr Bewegendes, etwas, das weder mit der Geschichte noch mit Gott in Beziehung steht, etwas absolut Privates, Sinnloses, Dummes, aber ebenso Erfreuliches und Verlockendes: Er pflanzt einen Weinberg. Der Midrasch kommentiert: All dies geschah an einem Tag: das Pflanzen, das Trinken, die Zügellosigkeit. In biblischen Zeiten ist alles beschleunigt, deshalb tat Noah alles in Hast und Eile. An einem Tag durchlebte er Phasen, die üblicherweise Jahres-

zeiten und Jahre dauern. Nachdem er Gott ein Opfer darge-
bracht hatte, fiel er in einen tiefen Schlaf, kroch zuvor in
sein Zelt, um schließlich von seinem Sohn Ham in seiner
ganzen Nacktheit entdeckt zu werden... Ist das die Spur
eines Gerechten? Sich zu betrinken, um die Geschichte zu
erneuern? Die meisten talmudischen Interpreten verurteilen
diesen Vorfall aufs Schärfste.

Eine Geschichte: An jenem denkwürdigen Tag sah Satan,
wie Noah seinen Weinberg pflanzte. »Nimmst du mich als
Kompagnon?«, fragte er. »Ja«, sagte Noah. »Gott sei
Dank«, antwortete Satan. Sofort nutzte er seine neuen Pri-
vilegien, schaffte ein Lamm, einen Löwen, ein Schwein und
einen Affen herbei und begrub sie unter dem Weinberg. Ihr
Blut vermischte sich mit dem Wein. Deshalb, trinkt man *ein*
Glas Wein, wird man süß wie ein Lämmlein; trinkt man
zwei, wird man stark wie ein Löwe; drei, lächerlich wie ein
Affe; vier, abscheulich wie ein Schwein.

Ist dies unser Held und Retter Noah? Partner und Verbündeter des Satan? Man stelle sich vor: Er durchlebte ein
kosmisches Drama ohnegleichen, er durchlebte eine Katastrophe, die praktisch der ganzen Menschheit das Leben ko-
stete, und alles, was er tun konnte, war, einen Weinstock zu
pflanzen und sich randvoll laufen zu lassen? Hatte das Ereignis bei ihm keine Narben hinterlassen, hatte es keine
Auswirkung auf seine Sensibilität? Hat er nichts, gar nichts
daraus gelernt? Ist es denkbar, daß die Vernichtung der
ganzen Menschheit ihren Höhepunkt findet in dem grotes-
ken Spektakel eines betrunkenen Vaters, der von seinen
Söhnen gedemütigt wird?

Um die Frage noch drastischer zu stellen: Wenn Noah
vor der Sintflut schon kein Gerechter war, ist es möglich,
daß er nicht einmal *danach* zu einem solchen wurde? Hat er
nichts bereut? Hat er nicht versucht zu verstehen, was ihm
geschehen ist – und ebenso den anderen?

Enttäuschend, Noah. Als Schauspieler hat er viel Ange-
nehmes an sich. Niemals agiert er, er reagiert nur. Er strebt

nicht nach Größe, er bleibt in der Routine stecken. Mit Jean-Paul Sartre könnte man sagen, er nahm die großen Ereignisse und reduzierte sie auf geringfügige Umstände.

Aber dann – warum die Einzigartigkeit, warum wird ihm in der Bibel der Titel *Zaddik* verliehen?

Nun, einen Abschnitt in seinem Leben haben wir noch nicht untersucht: seine Aktivitäten während der Flut.

Noah und seine Söhne – hartnäckig, verbissen, störrisch – waren allein, als sie an der Arche arbeiteten, allein gegen die Mächtigen, allein gegen die Macht. Trotz des Spotts der Leute fuhren sie mit ihrer Arbeit fort. Vielleicht war dies die größte Sünde von Noahs Zeitgenossen: ihn zu demütigen, indem sie sich über ihn lustig machten. Ihre Skepsis war ihr alltägliches Geschäft, aber dennoch hatten sie kein Recht, ihn lächerlich zu machen, schon gar nicht in der Öffentlichkeit. Denn der Midrasch beharrt auf der Tatsache, daß Noah sein Vorhaben in aller Öffentlichkeit in die Tat umsetzte, nämlich, um Aufmerksamkeit zu erregen und die Nachbarn und Passanten zur Reue zu bewegen. Nach einer der talmudischen Quellen dauerten die Vorbereitungen fünfzig Jahre, damit den Sündern genügend Zeit bliebe, ihre Wege zu überdenken. Fünfzig Jahre Spott – eine lange Zeit. Es ist nicht leicht, Opfer der Angriffe und Diffamierungen einer »moralischen Mehrheit« zu sein, von selbstgefälligen Leute, die glaubten, sie wüßten alles. Hat Noah reagiert? Hat er Ärger zeigen lassen? Bitterkeit? Vielleicht Bedauern? Nein, er schwieg. Er hielt keine Reden, stellte keine Forderungen, gab keine Entschuldigungen und verlangte keine besonderen Privilegien für sich. Er wollte nur als lebendiges Beispiel dienen. Es genügte, ihn anzusehen und man wußte, daß er Gottes Warnung vernommen hatte; die anderen *mußten* sie hören. Er allein entschied zu handeln. Das Besondere an ihm war, daß er sein Denken in Handeln umsetzte.

Deshalb gehorchte Noah kompromißlos den göttlichen Instruktionen als die Bedrohung immer ernster wurde. Alles war bereit, die Himmel waren wolkenverhangen und schwarz. Wann würde die Tragödie beginnen? Schon bald. Wer wird leben, wer wird sterben? Diese Entscheidung hatte Gott getroffen, nicht Noah. Die Bilder sind beeindruckend: all die Tiere, Vierbeiner und Vögel, die als Paare ankommen und an Bord gehen. Wir sehen sie, wir hören sie, wir folgen ihnen: Sie sind lebendig und gleichzeitig erbarmungswürdig. Wir haben Mitleid mit ihnen, weil sie entwurzelt werden; wir beneiden sie, weil sie sich einschiffen zu einem großen Abenteuer.

Eine amüsante Geschichte wird vom Midrasch überliefert: Während die verschiedenen Tiere an Noah vorbei marschieren, entdeckt er plötzlich eine absonderliche Kreatur, die ganz allein war. »Wer bist du«, fragte er. »Ich bin die Falschheit«, war die Antwort. »Du bist allein gekommen? Tut mir leid«, sagte Noah. »Singels haben keinen Zutritt an Bord.« Darum versuchte die Falschheit verzweifelt, einen Kameraden zu finden, und schließlich hatte sie Erfolg. Ein anderes seltsames Einzeltier namens Schlamassel, oder Mißgeschick, war ebenso auf der Suche nach einem Kameraden. Zusammen bildeten sie ein ideales Paar: denn was immer man durch Falschheit bekommt, durch Mißgeschick geht es wieder verloren.

Wie dem auch sei, Noah und seine Familie sorgen sich ebenso um sich selbst wie um alle Passagiere. Auch der Talmud besteht darauf. Während der vierzig Tage und vierzig Nächte blieben Noah und seine Kinder bei den wilden und allen anderen Tieren, brachten ihnen Nahrung und beruhigten sie in ihrer Angst. Die Beschreibung der Sintflut ist feinste Literatur: der Regen, der unnachgiebige Regen; die Wellen, die Unwetter, die Dunkelheit, das Donnergrollen, und vor allem, die Ungewißheit: Wann wird das alles enden? Wird es je enden? In diesem Augenblick gibt Noah sein Bestes. Seine vornehmsten Stunden sind angebrochen. Selbstlos, voll Hingabe, unermüdlich, ist er überall, kümmert sich um jedes Lebewesen. Er weiß, wann er wen zu füttern hat; einige fressen im Stehen, andere legen sich hin;

manche bekommen ihr Futter am Morgen, andere am Abend. Noah vergißt keinen... Nur einmal vergißt er den Löwen, der ihm prompt eine Erinnerung an diesen Fehler verpaßt: Er beißt ihm ins Bein, und Noah wird bis an sein Lebensende hinken. Mit Ausnahme dieses einen Zwischenfalls verläuft die Reise problemlos. Nichts geht schief. Noah, Kapitän des Schiffes, kennt seine Aufgabe und führt sie mit Eifer aus. Nie zeigt er Anzeichen von Panik, nie bekundet er Zweifel oder Angst. Er führt sein kleines, schwimmendes Königreich an und geleitet es sicher in den Hafen. Gott ist auf seiner Seite: Das ist nicht immer vergnüglich, aber ohne Zweifel nützlich. Noahs Manager, Gott, sagt ihm, wann er an Bord der Arche gehen soll, wann er die Fenster zu öffnen hat, wann er Kundschafter ausschicken kann. Die Sprache ist erstaunlich klar, die Instruktionen sind exakt: *Tse, Asse* – tu dies, sag das. Zähle die Tage, zähle die Stunden. Gelegentlich wird Noah vom Talmud kritisiert, weil er die Befehle zu genau befolgt habe. Gott sagte Noah, er solle die Arche verlassen, und Noah verließ sie. Rabbi Jehuda, Sohn des Rabbi Ilai, kommentiert: Wenn ich dort, an seiner Stelle gewesen wäre, wäre ich weit weniger geduldig, weniger zurückhaltend gewesen. Sobald ich gesehen hätte, wie das Wasser sich zurückzieht und das Land trocknet, hätte ich die Arche aufgebrochen und wäre an Land gesprungen! Nicht so Noah... Als Schatten von Gottes Schatten folgt er Gott – Gott allein. In Blick auf die anderen Wesen, hat er sich verändert. Er hat sich verbessert. Er hatte begonnen, sich auf die anderen einzulassen, auf ihre Bedürfnisse, auf ihr Leben. In Blick auf ihren gemeinsamen Schöpfer, blieb er derselbe wie zuvor. Wären Noahs Beziehungen zu Gott anders geworden, hätte es ihn aus der Bahn geworfen. Hätte er einmal geweint, nur ein einziges Mal, hätte er nicht aufhören können. Niemals mehr.

Jedoch, am Ende der Qualen war etwas mit ihm geschehen. Der Sohar schreibt: Noah verließ die Arche als ein anderer Mensch, in einem anderen Geisteszustand; er war verwirrt.

Das ist nur natürlich. Man stelle sich seine Gefühle vor, als er an Land ging und die leere, verwüstete Weite entdeckte. Sicher hat er sich nach vertrauter Landschaft umgesehen, nach Aussichtspunkten, Städten voll Licht und Leben, Wohnorten mit ihren Klängen. Er wußte, daß sie alle verschwunden waren, dennoch suchte er weiter.

Er war vor die Wahl gestellt: Zorn oder Dankbarkeit. Er wählte die Dankbarkeit. Er brachte dem Himmel seinen Dank als Opfer dar. Dafür, daß er verschont wurde? Ja. Als Überlebender, als erster Überlebender, wählte er Dankbarkeit statt Bitterkeit – die besondere Dankbarkeit eines Überlebenden. Der oder die Überlebende weiß, daß jeder Moment ein Moment der Gnade ist, denn er oder sie hätte an anderer Stelle sein können, an der Stelle eines Verschwundenen.

Und trotzdem, viele Überlebende sind immer wieder verfolgt, ja gepeinigt von ungerechtfertigten Schuldgefühlen. Auch Noah mußte sich eines Tages fragen: »Warum ich?« Sicher hat er nicht gedacht, er sei auserwählt, weil er besser als andere sei. Er kann nicht so eitel gewesen sein, um dies zu denken. Oder weil er eine bessere gesellschaftliche Stellung innehatte? Andere hatten höhere Positionen. Wieder und wieder muß sich Noah diese schmerzliche Frage gestellt haben: »Warum ich?« Zugegeben, er hat seine Frau und seine Kinder gerettet. Aber was ist mit seinen Verwandten, seinen Nachbarn, seinen Bekannten? Tot, alle sind tot. Nur er und seine engste Familie blieben am Leben. Jetzt ist Noah Herr der Welt. Niemand blieb übrig, um sich ihm entgegenzustellen. Als Meister und Herrscher seiner Gesellschaft wird er ihre neue Zukunft bestimmen. *Ele toldot Noah?* Mit Noah, dem Vorfahren von uns allen, wird die menschliche Geschichte einen neuen Anfang nehmen. Niemals hatte jemand solche Möglichkeiten, solche Macht, solchen Triumph; und nie hatte jemand solche Angst.

Darum, nach seiner ersten Geste der Dankbarkeit, nach seiner ersten Opfergabe, brauchte er... ein Glas Wein. Vor allem dann, als sich ihm unweigerlich gewisse Vorahnungen über die Zukunft aufdrängten: Was einst geschehen ist, kann sich zweifellos wiederholen. Richtig, Gott hat versprochen, daß niemals mehr eine Flut die Erde verwüsten wird. Aber wie steht es mit all den anderen Vernichtungsmitteln? Noah hat sicher gespürt, daß die Menschen niemals in der Lage sind, genug von ihrem kollektiven Gedächtnis zu lernen, daß sie stets menschlich und damit verwundbar bleiben. Kaum hatten sie die Geschichte der Sintflut hinter sich gelassen, springen sie in eine andere Geschichte des Schreckens. Sofort beginnen sie mit dem Bau eines gigantischen Turmes, der ihnen erlauben soll, in den Himmel aufzusteigen, um dessen Herr zu entthronen und seinen Platz einzunehmen! Man denke daran: Während der Turm von Babel gebaut wird, ist Noah noch am Leben. Er sieht und hört alles. Und er weiß, wie alles enden wird. Warnt er seine Zeitgenossen, nicht die früheren Fehler zu wiederholen? Wenn ja, hört ihm niemand zu. Seine Worte sind verloren.

Armer Noah.

Als Überlebender einer kosmischen Katastrophe – von Erinnerungen heimgesucht – flieht er... in Alkohol und Schlaf. Ist das die Antwort auf das Leiden anderer Menschen? Niemals. Noah hält seine guten Beziehungen zu Gott aufrecht. Er glaubt an Sein Wort, an Seine Verheißungen. Er ist glücklich, daß Schöpfung und Schöpfer von nun an nicht durch Drohungen sondern durch Verheißungen verbunden sind. Gott spricht zu ihm, so der Midrasch, denkt mit ihm, durch ihn. »Traurig bist du? Ich auch. Meinst du etwa, es würde mir Freude machen, Schlachten zu gewinnen? Wenn ich gewinne, verliere ich; wenn ich verliere, gewinne ich. Habe ich nicht verloren, als ich das Gefecht mit deiner Generation gewonnen hatte? Habe ich nicht eine Welt verloren, die ich eigenhändig erschaffen hatte?

Nein, Gott wird kein weiteres Desaster zulassen. Er wird es nicht anstiften, noch wird er sich anstiften lassen. Dennoch, was hat sich verändert? Noah hat Angst. Er vertraut Gott, aber er kennt die Menschen: Was Gott nicht tun wird, können sie sehr wohl ausführen. Gott wird sie nicht mehr vernichten, aber sie könnten sich selbst vernichten. Der Bund bindet ihn, nicht sie. »Ich werde die Welt nicht zerstören«, sagt Gott. Mit anderen Worten: Ich werde es nicht tun, aber wie steht es mit dir?

Noah ist traurig. Sein Sohn Ham ist eine Quelle der Enttäuschung für ihn. Sem ist besser, er studiert die Tora. Auch Jafet ist ein Schüler. Das heißt, wenigstens einige seiner Kinder wachsen gut auf, entwickeln sich in die richtige Richtung. Sie halten die sieben Gebote, denen sie verpflichtet sind. Zu Hause geht alles einen mehr oder weniger reibungslosen Gang. Außerhalb des Hauses jedoch ist das Bild alles andere als ermutigend.

Während der Katastrophe war Noah die Hauptfigur des Geschehens; jetzt wurde er zum Zeugen. Und jetzt habe ich Mitleid mit ihm, mehr als zuvor. War er tatsächlich ein Gerechter? Er war ein Mensch, der wußte, daß er zur Freiheit verdammt war, nachdem er ans Ende der Nacht gelangte. Als er die äußerste Verzweiflung erreichte, fühlte er sich zur Hoffnung verpflichtet. Ich stelle mir ihn vor, wie er in seinem Zelt sitzt und seinen Kindern und Enkeln Geschichten aus seiner Kindheit erzählt, damals, als er noch jung war, nur hundert Jahre alt… Er spricht von der Vergangenheit, um die Zukunft besser zu gestalten. *Zaddik bedorotaw*, ein Gerechter seiner Generationen (im Plural), das bedeutet, er will, daß spätere Generationen seine existentielle Entscheidung rechtfertigen.

Ist es Zufall? Die *Parascha* der Noah-Geschichte, der wöchentliche Tora-Abschnitt, den wir am Sabbat lesen, endet damit, wie Abraham auf der Bühne erscheint: Auch seine Geschichte ist Teil unseres Gedächtnisses. Noah macht uns traurig? Abraham wird uns mit Stolz erfüllen. Noah ist still, nicht so Abraham. Noah weiß nichts vom Judentum, Abraham ist das Judentum. Was haben sie beide gemeinsam? Beide erlebten eine kollektive Tragödie. Gehört Sodom zur Vergangenheit? Seine Zerstörung durch Feuer verweist auf die Zukunft.

Damit wir uns erinnern, damit wir uns erinnern.

Jiftach und seine Tochter

DIE ERZÄHLUNG IST BEÄNGSTIGEND. Sie ist so beängstigend, daß ich wünschte, sie könnte aus der Heiligen Schrift verbannt werden. Ihre Brutalität wird kaum irgendwo überboten. Man stelle sich die *Akedah*, die Opferung, genauer – die Bindung, Isaaks, mit einem ganz anderen Ausgang vor, einem gewalttätigen Ende, und man gelangt zur Geschichte von Jiftach und seiner Tochter, einer Geschichte voll auswegloser Verzweiflung.

Jiftach – ein Richter des Volkes Israel? Was für ein Richter befürwortet den Mord an seiner einzigen Tochter? Was für ein Beispiel gibt er unserem Volk? Welche moralische Botschaft hinterläßt er kommenden Generationen?

Jiftach: eine Erzählung von Grausamkeit und Reue; eine Erzählung von Einsamkeit und Unglück. Jiftach: eine Episode, die Dunkelheit hervorbringt und in der Vergangenheit begraben liegt. Man nannte sie einen »Unfall« in der jüdischen Geschichte. Ein Unfall? Nun, vielleicht ein Mißverständnis in dem Sinne, wie alle Tragödien ein Stück Mißverständnis enthalten.

Lesen wir den Text. »Und Jiftach aus Gilead war ein stolzer, tapferer Held.« Auf diese Weise markiert das Buch Richter sein Auftreten in der Geschichte. Er war der Mann der Stunde – der Mann, den die Kinder Israels brauchten. Die Kapitel vor diesem Zitat beschreiben ihr Elend. Sie litten aus vielerlei Gründen und auf allen Ebenen. Mehr als *ein* Feind griff ihre Grenzen an. Zu Hause gab es mehr als *einen* Anführer, der seine Stellung für den persönlichen Vorteil mißbrauchte. Offenbar entbehrten ihre Konflikte alle Ideale, ebenso wie ihre Ziele aller Größe beraubt scheinen; sie alle tragen den Charakter belangloser Querelen statt geistiger Auseinandersetzungen. Die Umgangsformen derer, die die Macht besaßen und derer, die nach ihr verlangten, waren Betrug und Bestechung. Abimelech ermordete grundlos seine siebzig Brüder. Dann tötete er tausend Männer und Frauen in der Burg von Sichem. Danach eroberte er die Festung von Tebez. Als er Vorbereitungen traf, sie in Brand zu stecken, warf ihm eine Frau einen Mühlstein an den Kopf. Tödlich verwundet rief er seine Leibwächter herbei und befahl ihnen: Nehmt euer Schwert und tötet mich, denn ich will nicht, daß die Leute sagen, ich sei von einer Frau erschlagen worden. – Der nächste Herrscher war Tola, der Sohn Puwas, der wiederum von Jair gefolgt wurde: Beide waren wohl recht unbedeutend, denn die Schrift berichtet nichts über sie. Alles, was wir von Jair erfahren, ist, daß er dreißig Söhne hatte, die auf dreißig Eseln ritten.

»Und die Kinder Israels fuhren fort, Böses zu tun in den Augen Gottes; und sie dienten den Götzen Baal und Astarte und den Göttern der Ammoniter und den Göttern der Philister. Und sie verließen Gott statt Ihm zu dienen. In Seinem Zorn lieferte Gott sie den Philistern und den Ammonitern aus, die sie achtzehn Jahre lang unterdrückten und peinigten. Und die Kinder Israels schrien zu Gott: Wir haben gesündigt, weil wir dich um der Götzen Willen verlassen haben...«

Jene Zeit war sicher eine der schwächsten in der jüdischen Geschichte. Kein Zweifel, es gab profunde Gründe für ihren Niedergang. Der Fall war unvermeidlich. Moses und Josua waren Epochemacher; im Vergleich dazu hatten ihre Nachfolger sehr zu leiden. Unter Moses fand das jüdische Volk seine nationale Identität; unter Josua eroberte es sein Land. Mag es sein, daß es nun erschöpft war?

Das Buch Ruth beginnt mit den Worten: » *Wajehi bijmei schefot ha'schefotim...* – Und es geschah in den Tagen als die Richter richteten...« Der Midrasch fragt: Was für einen Grund hat die Wiederholung von *schefot* und *schefotim*? Um uns ihre Erniedrigung vor Augen zu führen. Weh der

Generation, die ihre Richter richtet; weh der Generation, deren Richter gerichtet werden sollten. Selbst die Geschichte scheint kraftlos geworden zu sein. Und deshalb wurde ein Zeitalter der Mittelmäßigkeit eingeleitet. Kleingeistige Anführer übernahmen die Verantwortung für die nationalen Angelegenheiten. Unablässig fertigte man Götzenstatuen an und zerstörte sie wieder, gab bestimmte Gebiete auf und eroberte sie zurück; es kam zu unzähligen Grenzkonflikten mit feindseligen Nachbarn, unzählige Intrigen, Szenen der Eifersucht und Mißgunst; man bekommt den Eindruck kollektiven Verbrechens. Konnte dies das von Gott erwählte Volk sein, das Seine Weisung buchstabieren und sie zu anderen Völkern bringen sollte? War all dies eine natürliche Konsequenz des schrecklichen und erschreckenden Blutvergießens, das seit der Eroberung des Landes vonstatten ging? War es Strafe für die vielen Ungerechtigkeiten, die den ursprünglichen Bewohnern des Landes zugefügt wurden? Was auch immer der Grund gewesen sein mag, das Ergebnis war Niedergang. Dahin war die Größe, die den außergewöhnlichen Augenblick in der Geschichte markierte, als die Kinder Israels ihre ruhmreiche Begegnung mit Gott hatten; dahin waren die Tage, an denen sie sich verpflichtet hatten, sich Seiner zu erinnern, und an denen sie ihre Erinnerung in einen Bund verwandelten. Es schien, als sollten ihr Ehrgeiz, ihre Sehnsucht, ihre Träume einander betrügen, selbst Gott betrügen, der von Zeit zu Zeit die Geduld verlor. Wenn dies geschah, bereuten sie alles bis – bis zum nächsten Mal...

Kommen wir auf Jiftach zurück.

In jenen Tagen regierten Richter über das Volk. Einige waren gut, andere weniger gut. Debora, die einzige Frau, die jene Stellung erreichte, war besser als die meisten anderen, nicht nur als Richterin, sondern auch als militärische Befehlshaberin, Strategin und Dichterin: Ihre Poesie füllt eine glanzvolle Seite in den biblischen Schriften. Üblicherweise wurden die Richter nicht aufgrund ihrer Tugendhaftigkeit, sondern aufgrund ihres politischen und militärischen Geschicks ausgewählt, wie zum Beispiel Gideon oder Simson. Nur wenige von ihnen waren charismatische Persönlichkeiten. Sie waren da, weil sie gebraucht wurden; sie waren nur da, als sie gebraucht wurden. Anders als Könige, Priester und Propheten handelten sie allein im Hier und Jetzt. Sie waren nicht die Boten Gottes für Sein Volk, auch nicht die Boten des Volkes für Gott. Sie waren Sprachrohr des Volks zu anderen Völkern.

Welchen Platz nimmt Jiftach unter ihnen ein? War er besser als die meisten? Der Talmud schenkt ihm ein Kompliment: »*Jiftach bedoro ki'schmuel bedoro.* – Jiftach war für seine Generation wie Samuel für dessen.« Seltsames Kompliment. Wollte es Jiftachs Zeitgenossen geringschätzen? Was hätte Jiftach für Samuels Generation bedeuten können?

Öffnen wir den Talmud:

Rabbi Schmuel bar Nachmani sprach im Namen von Rabbi Jonathan folgendes: Es gab drei Männer, die unlautere Schwüre ablegten; nur auf zwei davon antwortete Gott gnädig. Der erste war Elieser, der Diener Abrahams. Als Elieser von seinem Herrn ausgesandt wurde, um für Isaak eine Braut zu finden, sprach er: Das Mädchen, das nicht nur mir, sondern auch meiner Kamelherde Wasser geben wird, wird Isaaks Frau. Der Talmud fragt: Wie konnte er nur so mit Isaaks Leben spielen? Und was wäre geschehen, wenn er einer jungen Frau begegnet wäre, die zwar großzügig aber körperlich krank gewesen wäre? Jedoch, Gott sandte ihm Rebekka.

Der zweite war König Saul, der sagte, der, der Goliat besiegt, bekommt eine Menge Geld und die Tochter des Königs. Der Talmud entrüstet sich: Wie bitte? Wie kann ein König so freizügig und leichtgläubig über seine eigene Tochter verfügen? Und was wäre geschehen, wenn der heldenhafte Krieger ein Bastard oder zur Ehe unfähig gewesen wäre? Jedoch, Gott sandte ihm David, um Goliat zu besiegen.

Der dritte war Jiftach. Auch sein Schwur war nicht Rechtens – aber in diesem Fall weigerte sich Gott einzugreifen.

Das tragische Thema von Jiftach und seiner Tochter ist auch in anderen literarischen Traditionen beheimatet. Alte griechische Legenden erzählen uns von einem Fluß namens Lupis in einem unfruchtbaren Land namens Heliartus. Einer dessen Herrscher kam nach Delphi, um eine Priesterin nach einer Weissagung zu fragen. Ihr Rat war: Kehre zurück und töte die erste Person, der du begegnest. Er traf seinen Sohn Lupis und streckte ihn mit seinem Schwert nieder. Tödlich verwundet, versuchte Lupis zu entkommen, und überall, wo sein Blut auf den Boden tropfte, entsprang eine Quelle aus der Erde. Alle Quellen zusammen bildeten einen Fluß. Er wurde nach Lupis benannt, dem unglücklichen Sohn des Herrschers.

Eine ähnliche Legende wird von dem König von Kreta erzählt. Nach der Zerstörung Trojas tötete er seinen Sohn oder seine Tochter – abhängig von der Überlieferung, der man Glauben schenkt.

Bei Cicero wird gesagt, Agamemnon habe der Göttin Diana geschworen, ihr das schönste Geschöpf zu opfern, das in jenem Jahr in seinem Reich geboren würde. Da niemand hübscher war, als seine Tochter Iphigenia, sah er sich gezwungen, sie zu opfern. Dennoch, so Cicero, hätte er sich weigern können, seinen Schwur einzuhalten, anstatt ein solches Verbrechen zu begehen. Er jedoch hatte Angst, den Krieg zu verlieren, was nach Euripides bedeuten würde:

Einen Kreis voll Blut wird der Feind um uns schließen;
Köpfe werden rollen und Kehlen durchschnitten,
Straßen entvölkert, Häuser geschändet und der
                                    Flammen Raub.

Wie die griechische Tragödie strebt auch die Geschichte um Jiftach unerbittlich auf den Tod zu. In dem Augenblick, in dem der Schwur ausgesprochen wurde, war das Schicksal beschlossen. Besiegelt. Richtig, in gewisser Weise hat die Geschichte ein happy end: Der Feind wurde geschlagen. Aber der Sieg hinterläßt einen bitteren Nachgeschmack – den Geschmack der Trauer.

Wegen Jiftach. Wer war er?

Er war Richter in Israel. Er kämpfte für Israel. Er rettet Israel. Sein Name sollte mit Erleichterung und Dankbarkeit verbunden werden. Jedoch, er klingt in den dunkelsten Nischen unserer religiösen Phantasie wie eine Warnung.

Von einem Richter erwartet man Einfühlungsvermögen und Fairness. Von einem Richter erwartet man, daß er die ethischen Werte und die Ehrfurcht vor dem Leben hochhält. Wie kann so ein Mensch ein solches Verbrechen begehen?

Im Gebet sprechen wir zu Gott. Wir flehen Ihn an, nicht nur unser Richter, sondern auch unser Vater zu sein. Aber als Vater – normalerweise jedenfalls – liebt man seine Kinder. Ein Vater vergibt seinen Kindern.

Schließlich war auch Jiftach ein Vater. Wie kann ein Vater seine Tochter erschlagen? Und was war mit den Menschen in ihrer Nähe, den Anführern, den Ältesten? Warum griffen sie nicht ein? Warum mischten sie sich nicht ein, um den Mord an einem unschuldigen Mädchen zu verhindern? Und Gott – warum machte er seine Stimme nicht hörbar?

Eine seltsame, beunruhigende Geschichte. Sie hat mit Rechtsprechung und Theologie, Historie und Strategie, Sünde und Strafe zu tun. Obwohl sich die Begebenheiten elfhundert Jahre vor der üblichen Zeitrechnung abspielten, lasten sie noch immer auf uns. Sie beschwören Angst herauf, nicht Hoffnung.

Lesen wir: »Und die Anführer von Gilead und das Volk sprachen: Wer ist der Mann, der die Kinder von Ammon besiegen könnte? Er soll das Oberhaupt der Bewohner Gileads werden.« Wer war der Mann? Jiftach. Kannten sie ihn? Ja, sie kannten ihn. Andernfalls hätten sie ihn schwerlich berufen, der Anführer des Volkes zu werden. Und da sie ihn

kannten, kennen auch wir ihn. In der Tat, seine Personal-
akte ist dick.

Einige der Fakten sind wenig schmeichelhaft. Sein Vater,
Gilead, hatte eine Affäre mit einer Frau von schlechtem
Ruf; Jiftach wurde ihr Sohn. Daneben war Gilead verheiratet und hatte weitere Kinder. Aus dem Text geht klar hervor, daß alle Kinder, einschließlich des Jiftach, im Hause
ihres Vaters lebten. Später, als er größer wurde, wandten
sich die legitimen Kinder gegen ihn und jagten ihn davon.
Sie sprachen: »Du sollst von unserem Vater nichts erben,
denn du bist der Sohn einer anderen Frau.« Und so floh
Jiftach in das Land namens Tob und sammelte schon bald
eine Bande von Gesetzlosen und Söldnern um sich.

In der Zwischenzeit hat er wohl geheiratet, denn plötzlich
erfahren wir, daß er eine Tochter hat; aber sobald wir die
Neuigkeit erfahren, ist es schon zu spät. Kaum erscheint sie
auf der Bühne, ist sie schon zum Tode verurteilt. Und wer ist
für ihren Tod verantwortlich? Ihr Vater. Und wer führt dieses schreckliche Urteil aus? Ihr Vater.

Oberflächlich betrachtet ist Jiftach ein einfacher Mann,
der im Leben weder zweifelt noch zögert. Er tut, was er sagt,
und was er sagt, tut er. Da er zu Hause kein Glück hat, läuft
er davon. Irgendwie gelingt es ihm zu überleben. Braucht
das Volk einen Kämpfer? Er kämpft und gewinnt. Hat er
etwa einen Fehler gemacht, als er seinen unbedachten
Schwur ablegte? Keine Sorge, er wird ihn halten, auch wenn
es schmerzt.

Nehmen wir den Text genauer unter die Lupe, so erkennen wir, daß Jiftachs Persönlichkeit weitaus komplexer ist,
als sie auf den ersten Blick scheint. Durch sein Leiden hat er
beträchtliche geistige Güter erworben.

Seine Kindheit muß wohl schlimm gewesen sein. Man
kann sich ausmalen, wie ihn seine Brüder behandelten, wie
sie ihn, den illegitimen Sohn in ihrer Mitte, demütigten.
Aber wo war seine Mutter? Hat er sie je gesehen? Ist sie je
gekommen, ihn zu besuchen? Und wie verhielt sich Gilead?

War er überhaupt ein guter Vater für Jiftach? Wir kennen die Antwort. Wäre er ein guter Vater gewesen, hätte er dann den anderen Kindern erlaubt, Jiftach schlecht zu behandeln? Hätte er ihn gehen lassen, um unter Fremden zu leben?

Auch für die Gemeinschaft im Ganzen können wir erkennen, daß Jiftach nicht besonders beliebt war. Er selbst sagt es unmißverständlich. Als sie zu ihm kommen, um seine Hilfe und Führerschaft zu erbitten, schnauzt er sie an: Warum ich? Ihr habt mich gehaßt, ihr habt meinen Brüdern geholfen, mich aus dem Vaterhaus zu werfen, und jetzt, wenn ihr mich braucht, kommt ihr einfach so und klopft an mein Zelt? Die Anführer Gileads senken ihr Haupt. Wir kommen zu dir, weil wir dich brauchen. Führe uns im Kampf. Kämpfe für uns, und du wirst über alle Einwohner Gileads herrschen. Jiftach verhandelt hart, um zu bekommen, was er will. Er will eine klare Abmachung und stellt seine Bedingungen: Wenn ich in den Krieg ziehe und gewinne, will ich euer Anführer bleiben... Sie stimmen zu. Also gut, sagt Jiftach, wir wollen unseren Pakt der ganzen Bevölkerung bekannt machen. Sie soll sich in Mizpa versammeln. Und so geschah es.

An diesem Punkt vollzieht Jiftach eine Wende, die uns verblüfft. Aus dem Kämpfer wird ein Diplomat. Statt den Feind anzugreifen, entsendet er Unterhändler, um Friedensverhandlungen zu führen. Er argumentiert, es gäbe eigentlich keine Differenzen zwischen den verfeindeten Parteien. Warum wollt ihr mein Land angreifen, fragt er den König der Ammoniter? Der König antwortet: Als Israel aus Ägypten heraufzog, hat es mir mein Land zwischen dem Arnon und dem Jabbok, bis hin zum Jordan, weggenommen. Gib es mir wieder zurück, und wir werden in Frieden leben. Darauf schickt Jiftach weitere Abgesandte, um eine zweite Verhandlungsrunde zu eröffnen. Er besteht darauf, daß Israel kein ammonitisches Land weggenommen habe. Obwohl das Volk das ganze Land besetzen hätte können, zog es vor, daran vorbei zu ziehen. Jiftachs Botschaft war lang und ist gut überliefert. Sie zeigt seine hervorragende Bildung: Er kennt sich aus in Geographie, Geschichte und Politikwissenschaft. Warum hast du dreihundert Jahre damit gewartet, den Arnon zu beanspruchen? Warum erinnerst du dich gerade jetzt an diesen Anspruch? Er wies seine Boten an, zum König der Ammoniter folgendermaßen zu sprechen: Bitte, mein Herr, ich habe nichts gegen dich unternommen, du hingegen hast etwas Böses gegen mich im Sinn. Du zwingst mich in den Kampf. Möge Gott die Kinder Israels und die Kinder der Ammoniter richten. – Aber der ammonitische König weigerte sich, Jiftachs Worten Beachtung zu schenken.

Plötzlich verflüchtigt sich unser Bild von Jiftach als einem Gesetzlosen. Stattdessen steht uns ein exzellenter Politiker vor Augen. Noch besser: ein Staatsmann. Ein Krieger, der den Krieg haßt. Ein Kämpfer, der den Frieden vorzieht. Wie kann man für ihn keine Sympathie entwickeln? Er ist ein Opfer seiner Gesellschaft, ein Opfer seiner eigenen Familie, der dessenungeachtet andere vor Demütigung und Tod bewahren will: Wie könnte man ihn nicht bewundern? Selbst Gott mag ihn. Der Text spricht davon. »Und Gottes Geist ruhte auf Jiftach«, der die Mizpa-Gilead, seinen Heimatort, verließ, den Jabbok überquerte, um gegen die ammonitische Streitmacht zu kämpfen. Und er legte vor Gott einen Schwur ab: Wenn du mir die Kinder von Ammon übergibst, werde ich den ersten, der aus meiner Haustür tritt, um mich zu begrüßen, Dir übergeben; ich werde ihn Dir als Opfer darbringen.

Noch einmal – was will uns dieser Abschnitt sagen? Daß Jiftach nicht sicher war, wie die Sache ausgehen wird. Der starke Mann hegt Zweifel. Der Befehlshaber war sich seiner nicht sicher. Der Mann der Gewalt, der die Gewalt vermeiden wollte, indem er dessen Nützlichkeit bezweifelte, er wendet sich plötzlich nicht an seine Soldaten, sondern an Gott. Er will ihn auf seine Seite ziehen. Aber... halt:

Warum die Unsicherheit? Ruhte nicht Gottes Geist auf ihm? Hatte er kein Vertrauen in Gott? Ohne Zweifel, wir haben es hier nicht mit einem simplen Fall von Prophetie und Kriegskunst zu tun. Unser Held ist nicht weniger mysteriös wie seine Geschichte.

Die Weisen des Talmud beschreiben Jiftach als ungebildeten Menschen ohne geistige Tiefe und intellektuelles Niveau. Die Bibel behandelt ihn nachsichtiger. Man lese die zwei diplomatischen Botschaften an den König der Ammoniter, wie sie uns der Text überliefert: Sie sind Meisterstücke. Sie zeigen einen Sinn für Geschichte, Geographie, Theologie und... Humor. Er gibt dem König nicht nur eine Zusammenfassung der Ereignisse, die sich dreihundert Jahre früher abspielten, als Moses sein Volk aus Ägypten führte; er beweist ihm auch durch geschickte Bibelzitate, daß Moses Gebiete besetzt hatte, die Sihon, dem König der Amoriter, gehörten, und nicht solche, die Teile von Ammon oder Moab waren. Klugerweise unterschlägt er ein oder zwei Zeilen in seinem Zitat, wonach Moab Teile des Gebiets der Amoriter erobert hatte.

Was also gehört wem? Seit wann? Wer war zuerst dort?

All diese Fragen behandelt Jiftach meisterhaft in seinen Kommuniqués an den ammonitischen König. Zuerst lehrt er ihn Geschichte, nicht nur jüdische Geschichte, sondern auch ammonitische und moabitische. Er sagt: Wir sind bereits seit dreihundert Jahren hier, ihr erst seit zweihundert. Zweitens, du brauchst neue Gebiete? Wir auch. Mach es wie wir: Bitte Gott, er möge dir helfen. Er nennt sogar den Namen des Gottes, der den Ammonitern helfen könnte. Sein Name ist Kemosch. Frage deinen Gott Kemosch, so Jiftach weiter, und laß dir von ihm die Gebiete geben. Jedoch, der ammonitische König ist nicht Kemosch, sondern Milkom. Kemosch ist der Gott der Moabiter. Mit anderen Worten: Gib zu, sagt Jiftach, dieses Land hat dir niemals gehört. Es gehörte den Moabitern. Bist du der Erbe Moabs? In diesem Fall möchte ich dir eine weitere Lektion in Geschichte erteilen: Vor langer Zeit hatten Israel und Moab gewisse Differenzen. Dies ist nicht das erste Mal. Wann war es? Erinnerst du dich an Balak, den Sohn Zippors? Was tat er? Er führte keinen Kampf. Er hatte seinen Propheten Bileam, um uns zu verfluchen. Warum tust du es ihm nicht gleich? Wie dem auch sei, wir treten dir keine Gebiete ab, denn sie gehören uns.

(Dabei kommt uns eine Geschichte von Scholem Alejchem in den Sinn: Eine Frau kam aufgeregt zu ihrer Nachbarin, um einen riesigen silbernen Topf zurückzufordern, den sie ihr ausgeliehen habe. Von was sprichst du, fragte die Nachbarin? Erstens, der Topf ist nicht aus Silber, sondern aus Kupfer. Zweitens, er ist nicht riesig, sondern ziemlich klein. Drittens, ich habe ihn nie von dir ausgeliehen.)

Wenden wir uns nun, nicht ohne Angst, dem zweiten Darsteller in diesem Stück zu: seiner Tochter. Seiner einzigen Tochter. Auf diese Tatsache legt der Text besonderen Wert: *Ejn lo mimmeno ben o'hat* – Jiftach hatte weder einen Sohn noch eine andere Tochter. Wie Isaak war sie dazu bestimmt, ein *ola*, ein Brandopfer, zu werden.

Wir stellen sie uns sehr hübsch vor, freundlich, hinreißend, bezaubernd, unschuldig: der Augapfel des Vaters. Er hat niemanden sonst in seinem Leben. Sein Vater hatte ihn im Stich gelassen, seine Brüder abgelehnt. Und seine Frau? Sie wird nicht einmal erwähnt. Unsere ganze Aufmerksamkeit ist auf die Tochter gerichtet.

Wir kennen ihren Namen nicht, aber wir spüren ihre Anwesenheit noch bevor sie im Text eingeführt wird. In dem Augenblick, in dem Jiftach sein Gelübde ablegt, *wissen* wir, daß seine Tochter nahe ist, nur wenige Zeilen entfernt.

Sie beherrscht die Szene von dem Moment an, in dem sie auftaucht. Wir sehen sie als strahlendes, glückliches Mädchen, wie sie singt und tanzt und voll Freude die heimkehrenden Krieger begrüßt. Liest man weiter, möchte man sie am liebsten warnen: Nein, kleines Mädchen, lauf nicht deinem Vater entgegen, geh zurück nach Hause. Aber es ist zu spät. Jiftach hat sie bereits gesehen. Er schreit auf, zerreißt seine Kleider; der Sieger ist bezwungen. Von Schmerzen überwältigt, schiebt er ihr die Schuld zu. Er ist ungerecht, aber er muß jemand anderen beschuldigen, und sie steht vor ihm. Warum nur mußte sie ihn begrüßen? Was geschehen ist, konnte nicht mehr ungeschehen gemacht werden. Er ist am Boden zerstört. Man spürt es aus dem Text. Und sie? Sie ist wunderbar. In diesem Augenblick zeigt sie mehr Stärke als er. Sie versteht die Situation, obwohl sie nicht die ganze Geschichte kennt. Er erzählt ihr von einem Schwur, den er abgelegt hatte, aber nicht von dem Inhalt des Schwurs. Sie sieht, wie er seine Kleider zerreißt, sie sieht seinen Schmerz, seine Qual, und sie weiß: Sie muß sterben.

Ihre Reaktion ist großartig. Voller Würde und Tapferkeit vergießt sie weder eine einzige Träne, noch beginnt sie zu argumentieren. Sie nimmt die Situation an. Sie geht so weit, Jiftach zu bestätigen. Du kannst deine Worte nicht zurücknehmen, sagt sie ihm. Mit erstaunlicher Untertreibung sagt sie: »*Jeasse li hadabar hazeh* – Laß diese Sache an mir geschehen.« Sie sagt nicht: Halte dein Versprechen, töte mich. Das Wörtchen Tod taucht in ihrer Antwort nicht auf. An dessen Stelle steht »Sache«. Hat sie Angst vor dem Wort »Tod«? Meiner Meinung nach vermied sie es, um ihren Vater nicht noch mehr zu erschüttern. Ihre einzige Bitte: »Laß mir noch zwei Monate Zeit, damit ich mit meinen Freundinnen in die Berge gehe, um meine Jugend und meine Unschuld zu beweinen.« Was sie schließlich tat. Zusammen mit ihren Freundinnen verließ sie die Gesellschaft und ging in die Berge. Dort weinte sie über den Verlust ihrer Zukunft, den Verlust der Fröhlichkeit, der Freude, der Liebe, die auf sie warteten. Nach der Rückkehr zu ihrem Vater, »vollzog er an ihr den Schwur, den er abgelegt hatte«. Auch hier wird das Wort »Tod« nicht erwähnt. Jiftach konnte es tun, aber nicht aussprechen. Andere schon – bis heute.

In Israel gibt es den Brauch, daß junge Mädchen vier Tage lang in die Berge gehen, um die Geschichte von Jiftach und seiner Tochter und ihrer gemeinsamen Tragödie zu erzählen und immer wieder zu erzählen.

Die Geschichte inspirierte zahlreiche Dichter, Dramatiker, Komponisten und Maler, insbesondere in der Renaissance. Shakespeare zitiert Jiftach in Hamlet. Lord Byron beschwört ihn in einem Gedicht, ebenso Alfred de Vigny. Händels letzte Partitur, bevor er völlig erblindete, handelt von Jiftach und seiner Tochter – eines von hundert Kompositionen, die dem Richter und seinem Opfer gewidmet sind.

Das Bild, wie die zwei mit einfachen und behutsamen Worten ihr letztes Gespräch führen, regt unsere Phantasie an. Die Szene des jungen Mädchens, die sich weigert, in der Öffentlichkeit Tränen zu vergießen und deshalb in den Bergen weint, rührt uns unweigerlich an.

Dennoch, es bleiben einige Fragen. Warum hat sie nicht geweint, als ihre Tränen den Vater noch hätten beeinflussen können? Warum hat sie sich dem Tod nicht widersetzt?

Unsere Untersuchung stößt noch weiter in die Tiefe, ziehen wir die Taten des Vaters in Betracht. Warum hat er seine Meinung *nicht* geändert? Warum ist er *nicht* davongelaufen? Warum hat er seiner Tochter *nicht* befohlen, zu fliehen und nie wieder zurückzukehren? Warum hat er *nicht* gesagt: Ich habe gesündigt, weil ich diesen Schwur abgelegt habe; deshalb will ich an ihrer Stelle sterben.

Ja, mitten in diesem Rätsel sind wir mit Jiftachs Persönlichkeit konfrontiert. Psychologen mögen uns erklären, daß er seiner Tochter das antat, was ihm sein Vater zugefügt hatte. Sie war unschuldig? Auch er war es. Indem er sich mit ihr identifiziert, würde er seine eigene Unschuld illustrieren. Könnte es eine bewußte Entscheidung seinerseits gewesen sein? Sicher nicht. Aber das Unbewußte existierte schließlich lange vor Sigmund Freud.

Die Sprache, mit der diese Geschichte erzählt wird, hat noch weitere Anklänge. Talmudische Weise bringen sie mit einem unvergeßlichen, uralten Ereignis in Verbindung: der *Akedah*. Isaak war *jachid*, Jiftachs Tochter *jechidah*: der einzige und die einzige. Wäre es möglich, daß dieser illegitime Abkömmling einer Prostituierten plötzlich danach verlangt, aus seinem sozialen Umfeld auszubrechen und sich auf das Niveau Abrahams zu erheben? Ist es vorstellbar, das er die Absicht hatte, den Patriarchen noch zu übertreffen, indem er weiter ging als Abraham, der aufhörte, bevor es zu spät war? Ist die ganze Geschichte gedacht als eine Zurückweisung der *Akedah*?

Sollte dies der Fall sein, könnten wir verstehen, warum der Talmud Jiftach nicht zu seinen bevorzugten Gestalten zählt. Ein Midrasch stellt fest: »Jiftach war ein gerechter Mann, aber er lebte unter schlechten Zeitgenossen aus dem Stamm Ephraim. Er sah, wie sie den Götzen des Baal ihre Söhne und Töchter als Brandopfer darbrachten, weshalb er von ihnen beeinflußt war.« Eine andere Quelle bezeichnet ihn als *am-haarez* – als Unwissenden. Hätte er die Tora gekannt, hätte er einen Weg gefunden, das Leben seiner Tochter zu verschonen: Schließlich kann ein *Neder*, ein Gelübde, durch Opfer und Gebet zurückgenommen werden. »Gott war zornig auf ihn«, sagt ein anderer Midrasch. Warum? Weil seine Worte verantwortungslos waren. Was hatte Jiftach gesagt? Den ersten, der aus meiner Tür herauskommen und mich grüßen wird, werde ich Gott als Opfer darbringen. Was aber, wenn es ein Hund oder ein Schwein oder eine Katze gewesen wäre? Hätte er sie geopfert? Aus diesem Grunde, um ihn zu bestrafen, hat Gott seine Tochter nach draußen gehen lassen, um ihn willkommen zu heißen.

Ich bin mit dieser Erklärung nicht zufrieden. Ich kann vielleicht verstehen, weshalb Jiftach bestraft werden mußte, warum aber hatte seine Tochter den Preis dafür zu bezahlen? Jiftach sündigte, und seine Tochter bezahlte mit ihrem Leben. Ist das Gerechtigkeit?

Wie talmudische Weise berichten, sündigte Jiftach noch auf andere Weise. Wie ich bereits sagte, haben sie für ihn nicht viel übrig. Zum einen, weil sie militärische Helden nie-

mals mochten. Zum anderen klagten sie ihn wegen des Todes seiner einzigen Tochter an, und zwar ihn allein. Alle
Weisen sind sich darin einig, daß er sie hätte auslösen können... gegen Geld. Das ist Rabbi Jochanans Meinung. Bestimmte Opfergaben konnten durch ihren Geldwert abge-
golten werden. Resch-Lakisch gar behauptet, Jiftach hätte
überhaupt nichts bezahlen müssen. Er hätte einfach zum
Hohepriester gehen müssen. Wir kennen dessen Namen:
Pinhas, Sohn des Eleaser. Der Hohepriester hatte die
Macht, ihn von seinem Gelübde zu entbinden. Warum aber
hat er seine Autorität nicht geltend gemacht, um Jiftach von
seinem Schwur zu befreien? Wahrscheinlich hat es mit seiner Eitelkeit zu tun. Er sagte sich, schließlich bin ich der
Hohepriester, und er braucht mich. Warum kommt er nicht
zu mir. Habe ich Grund zu ihm zu kommen? Und Jiftach,
warum ging er nicht zum Hohepriester? Wahrscheinlich
sagte er sich, ich bin der Anführer und Befehlshaber über
Israel. Es geziemt sich nicht, wenn ich zu ihm gehe. Kommentar des Midrasch: Während keiner von beiden über seinen Schatten springen konnte, verlor ein unschuldiges
Mädchen sein Leben.

Beide wurden aufgrund ihrer Eitelkeit bestraft. Der göttliche Geist verließ den Hohepriester. Und Jiftach, seine
Strafe war... Aber warten wir noch ein wenig. Er wurde
mehr als einmal auf mehr als eine Weise bestraft. Nachdem
er seine Tochter getötet hatte, ist irgend etwas in ihm gestorben. Mehr noch, sein Opfer wurde nicht angenommen. »Du
hast mir ein menschliches Wesen, eine lebendige Seele geopfert«, zürnte ihm Gott. »Ich habe so etwas nie von dir
verlangt. Ich habe niemals irgend jemandem befohlen, mir
Menschenopfer darzubringen.«

Deshalb war alles umsonst. Die Angst und der Schmerz,
die Qual und die Reue: Indem er Gott gefallen wollte, hat er
ihm mißfallen; indem er ihn preisen wollte, hat er ihn gekränkt. Und jetzt hat er beides verloren – seine Tochter und
sich selbst.

Was im Text folgt, ist eine Beschreibung von Jiftachs Niedergang. Er ist nicht mehr derselbe. Seinen nächsten Kampf führt er nicht mit einem Feind von außen, sondern mit seinem eigenen Volk, dem Stamm Ephraim, dessen Anführer wütend auf ihn sind, weil er ohne sie gegen die Ammoniter in den Krieg gezogen war. »Warum hast du uns nicht um Hilfe ersucht«, fragen sie ihn? »Wir werden dein Haus über deinem Kopf niederbrennen.« Seine Antwort ist voller Zorn: »Jahre lang habe ich euch um Hilfe gebeten, aber nie Hilfe erhalten. Deshalb mußte ich alleine kämpfen, ohne euch.«

Es folgte ein Bürgerkrieg. Bruder gegen Bruder. Jude gegen Jude. Gilead gegen Ephraim. Gilead war stärker, und Jiftach war immer noch unumstrittener Befehlshaber seiner Truppen. Was folgte aus seinem Schmerz? Aus seiner Enttäuschung? Er kämpfte besser denn je. Sein Sieg über Ephraim war schnell und bestimmt. Die feindlichen Soldaten liefen davon, aber Jiftachs Männer setzten ihnen nach. Geschlagen und besiegt versteckten sich viele der Krieger Ephraims unter Jiftachs Männern, aber die Geflohenen wurden schnell demaskiert. Der Text erzählt uns wie: Sie waren nicht in der Lage, das Wort *Schibollet* richtig auszusprechen; auf ihren Lippen klang es wie »Zibbolet«. Deshalb war die Sache einfach. Verdächtige mußten das Wort *Schibollet* aussprechen. Zweiundvierzigtausend bestanden die Prüfung nicht. Zweiundvierzigtausend bezahlten mit ihrem Leben. Dies war Jiftachs letzter Sieg, sein letzter Kampf.

Alles in allem herrschte er sechs Jahre über Israel. Sonst wird nichts über seine Amtszeit berichtet. Hat er wieder geheiratet? Wurde er ein frommer Mann? Man hat den Eindruck, daß er sich nach dem Kampf mit Ephraim völlig zurückzog. Keine Freunde, keine Feinde. Nur Erinnerungen. Schmerzende Narben. Flammende Bilder. Stille Tränen.

Er starb und wurde irgendwo in seiner Heimat Gilead begraben. Man höre sorgfältig auf den Text. Er sagt: »*Bearej Gilead* – Er wurde in den Städten Gileads begraben.«

Normalerweise würde das bedeuten: »...in einer der Städte Gileads.« Der Midrasch widerspricht. Er versteht es wörtlich. Sagt der Text »Städte«, im Plural, dann bedeutet dies, daß Jiftach in *vielen* Städten begraben wurde. Wie aber kann eine Person an mehr als einem Ort begraben sein? Der Midrasch erklärt, Jiftach wurde krank. Das war seine Strafe. Sein Körper zerfiel, Glied für Glied, und jedes wurde für sich beerdigt, eines nach dem anderen, in verschiedenen Städten.

Üblicherweise steckt in der Art der Strafe eine Symbolik. Denken wir beispielsweise an Simson. Auch er war – wie Jiftach – ein Richter, der bestraft wurde. Er wurde von seinen Feinden geblendet. Der Midrasch kommentiert: »Simson rebellierte mit seinen Augen gegen Gott, wie es geschrieben steht: ›Gib mir die Philister-Frau, denn sie gefällt meinen Augen.‹ Deshalb stachen ihm die Philister die Augen aus.«

Was ist die Symbolik in Jiftachs Strafe? Da seine kriegerischen Fähigkeiten mit seiner körperlichen Stärke verknüpft waren, wurde sie ihm genommen. Sein stärkster Punkt wurde sein schwächster.

Da er sich weigerte, sich körperlich von einem Ort zum anderen zu bewegen, obwohl er dadurch vielleicht das Leben seiner Tochter hätte retten können, wurde er verstümmelt, sozusagen von seinem Körper verleugnet, der Stück für Stück von ihm abfiel. Er wurde auch für seine Eitelkeit bestraft.

Da seine Eitelkeit der Grund für den Tod seiner Tochter war – denn er hätte ihren Tod verhindern können, indem er den Hohepriester gebeten hätte, ihn von seinem Schwur zu entbinden –, mußte er, wie man es im alten Griechenland nannte, einen »Mäusetod« sterben: Man verliert seine Glieder bevor man stirbt.

A. A. Halewy erwähnt, daß Antiochus auf die gleiche Weise starb. Nachdem er viele Orte erobert hatte, wurde er an vielen Orten begraben.

Hat die Geschichte den Rang der *Akedah*? Die Erzählung um Jiftach ist tragischer als die *Akedah*. Abraham wurde belohnt, Jiftach bestraft. Jiftachs Tochter wurde nicht gerettet. Ihr Opfer wurde von Gott gewollt. Sie starb, und wir kennen nicht einmal ihren Namen.

Wie der Midrasch berichtet, flehte sie ihren Vater an; ihr Flehen findet seltsamerweise im alten Griechenland sein Echo. Sol Liptzin erkannte die Verbindung zwischen beiden Quellen. Auch Iphigenia versucht in dem Stück von Euripides, ihren Vater, Agammemnon, zum Mitleid zu bewegen:

> *Töte mich nicht so jung! Das Licht zu sehen, ist gut!*
> *Ich war die erste, die dich Vater rief, und die erste,*
> *die du riefst dein Kind; die erste auf deinem Schoß,*
> *Sanft streichelte ich dich und ward' von dir gestreichelt...*
> *Erbarm dich meines Lebens...*

Und sie klagt ihren Vater an, die falsche Entscheidung zu treffen, Gewalt zu wählen und Mord und Betrug, statt Liebe und Gerechtigkeit. Zu spät. Für Opfer ist es immer zu spät.

Wir kommen zum Ende eines tragischen Schicksals. Jiftach, Richter und Held in Israel, wurde in seinem Leben wie auch in seinem Sterben bestraft. Und wir wenden ein weiteres Blatt im Buche Richter.

Ich aber bleibe beunruhigt. Durch Jiftach? Ja, aber noch mehr durch seine Tochter. Warum mußte sie sterben? Ihre Liebe zu ihrem Vater war so groß, daß sie ihr Schicksal mit außergewöhnlicher Würde annahm, um es ihm leichter zu machen. Sie zog sich sogar zurück, so als wolle sie ihm den Anblick ihrer Tränen ersparen. Warum gab es kein Wunder, kein Eingreifen des Himmels wie in der *Akedah*? Nur Radak, als einziger, behauptet, es hätte ein Wunder gegeben: Jiftach tötete sie nicht; er hätte sie nur gezwungen, in eine religiöse Gemeinschaft einzutreten.

Der biblische Text ist mit seiner knappen, poetischen Beschreibung bewegend genug, aber der Midrasch geht weiter und rührt uns zu Tränen. Die Geschichte bekommt den Rang der *Akedah*.

Der Midrasch malt die letzte Szene, die letzte Begegnung zwischen Vater und Tochter aus. Als Jiftach soeben seinen

Schwur erfüllen will, schluchzt seine Tochter auf und sagt: »Vater, Vater! Ich kam dir mit Freude und Stolz entgegen, und du willst mich dahinschlachten? Sag mir, Vater«, fährt sie fort, »steht etwa in der Tora, Juden sollten ihre Kinder auf dem Altar opfern? Steht dort nicht, man solle Tiere opfern, Tiere, nicht Menschen?«

Jiftach läßt sie ausreden und antwortet: »Es ist zu spät, meine Tochter. Ich habe den Schwur längst abgelegt.« »Unser Vorfahre Jakob«, entgegnet sie, »hat auch einen Schwur abgelegt. Er versprach Gott, Ihm ein Zehntel von allem, was er habe, zu opfern. Hatte er nicht zwölf Söhne? Hat er auch nur einen von ihnen geopfert?« Jiftach hört ihr zu, antwortet aber nicht. Sie fährt fort: »Hanna versprach: Sollte sie einen Sohn bekommen, würde sie ihn Gott übergeben. Hat sie ihn etwa geopfert?« Jiftach hört zu und schweigt. »Du sagst, du hast ein Schwur abgelegt«, sagt sie weiter. »Laß mich vor Gericht gehen, es wird dich ohne weiteres von dem Schwur befreien.« Aber es war zu spät.

Deshalb wird es Zeit, mit einigen wenigen Lehren zu schließen, die aus der Geschichte gezogen werden müssen. Wie lauten sie?

Erstens, man muß mit Worten vorsichtig sein. Jiftach war es nicht. Ein Satz, der nichts bedeutete, als er ihn aussprach, kehrte zurück und verfolgte ihn sein Leben lang. Ein paar Worte, in den Wind gestreut, verursachten die Tragödie, genauer gesagt, eine Kette von Tragödien.

Zweitens, der größte Fehler Jiftachs war, daß er seine Tochter nicht einweihte. Er hätte ihr von seinem Schwur erzählen müssen, *bevor* er in den Kampf zog. Warum hat er es nicht getan? Wahrscheinlich, weil er die ganze Affäre auf die leichte Schulter nahm, ihr keine Bedeutung zumaß. Ein paar Worte, die ihm eben so in den Sinn gekommen waren. Warum sollte er seine geliebte Tochter damit belästigen? Warum sollte er ihr seine Unsicherheit zugeben, was den Ausgang des Kampfes betrifft? Besser, er behält es für sich.

Dennoch, so hart das Urteil des Talmud über Jiftach sein mag, sein Urteil über Pinhas, den Hohepriester, ist noch weitaus schärfer. Daß es Jiftachs Fehler war, ein menschliches Leben aufs Spiel zu setzen, ist klar; aber Jiftach war kein geistiger Führer. Pinhas war es. Jiftach mußte das Gesetz nicht kennen. Wohl aber Pinhas. Deshalb bekommt Pinhas die Schuld angelastet. *Er* hätte den ersten Schritt unternehmen müssen, um Jiftach zu helfen, seine Tochter zu retten. Da er es versäumte, wird er nicht nur für den Tod der Tochter Jiftachs verantwortlich gemacht, sondern auch für die zweiundvierzigtausend Männer aus Ephraim, die im Kampf fielen. Der *Jalkut Schimoni*, ein mittelalterlicher Midrasch, bringt beide Ereignisse in einen Ursache-Wirkungs-Zusammenhang. Der Krieg mit Ephraim hätte nicht stattgefunden, wenn Pinhas Jiftach von seinem Schwur entbunden hätte. Der Hohepriester wird wegen beidem kritisiert: Weil er weder Jiftach und seiner Tochter geholfen hatte, noch in der Krise mit Ephraim eingeschritten war. Als die ephraimitischen Krieger zu Jiftach kamen, um mit ihm zu streiten, so wie es das Midrasch-Szenario entwirft, hätte Pinhas ihnen sagen müssen: »Ihr seid nicht gekommen, um Jiftach von seinem Schwur zu befreien, auch seid ihr nicht gekommen, als er euch um Hilfe bat. Und jetzt kommt ihr, um Schwierigkeiten zu machen?« Aber er sagte nichts. Darum trägt er die Verantwortung für die zweiundvierzigtausend Opfer jenes erbitterten Kampfes.

Die Sprache des Midrasch ist gewählt und prägnant: »Weil er die Möglichkeit hatte zu protestieren und es nicht tat, ist *er* der Mörder der Opfer.«

Ich würde nicht so weit gehen. Aber wir alle lernen vom Midrasch die entscheidende Lektion menschlicher und sozialer Verantwortung.

Es ist wahr, wir sind oft zu schwach, um Ungerechtigkeit zu beenden; aber wir können wenigstens gegen sie protestieren. Es ist wahr, wir sind zu hilflos, um den Hunger auszutilgen; aber wenn wir einem einzigen Kind zu Essen geben, bieten wir dem Hunger die Stirn. Es ist wahr, wir sind zu ängstlich und zu machtlos, um gegen alle Wärter aller politischen Gefängnisse der Welt anzutreten; aber wenn wir einem einzigen Gefangenen unsere Solidarität anbieten, prangern wir alle Peiniger an. Es ist wahr, wir haben keine Macht gegen den Tod; aber so lange wir einem Mann, einer Frau, einem Kind helfen, eine Stunde länger in Sicherheit und Würde zu leben, bestärken wir das menschliche Recht auf Leben.

Ruth, unsere Schwester

VOR LANGER ZEIT, IN EINEM FERNEN LAND, lebte eine einfache und doch außergewöhnliche Frau, arm doch voller Würde, eine Frau, der ein ganzes Volk nicht nur sein Recht auf nationalen Stolz und vielleicht auf Unsterblichkeit verdankt, sondern auch seine Vision von Erlösung.

Ihr Name – Ruth, die Moabiterin – erweckt Gefühle der Freundlichkeit und Charakterstärke, Zärtlichkeit und Treue. Eine einzigartige Frau, deren Verdienste sie zur Mutter unseres Königtums werden ließ.

Ohne Zweifel würde sie sich unserer Untersuchung widersetzen. Sie meidet das Rampenlicht. Das ist ihre Art. Ist sie zu scheu? Sagen wir: bescheiden.

Ruth ha-Moabia, Ruth, die Moabiterin: Ihr Name beschwört eine Vergangenheit herauf, erfüllt mit Zweifel und Schmerz, und eine Zukunft, die von einem unbändigen Licht durchdrungen wird, einem Licht, das Exil zu überwinden, dem messianischen Licht, das Leiden und Unrecht beenden wird.

In unserer Tradition, der jüdischen, wird sie geliebt, oh, wie sehr sie geliebt wird! Sie steht auf einer Stufe mit den Urmüttern. Sara, Rebekka, Rachel und Lea schenkten uns die zwölf Stämme Israels, aber Ruth schenkte ihnen – und uns – einen König. König David ist nicht ein Nachfahre von Sara, sondern von Ruth. Ohne Ruth hätte unser Volk vielleicht niemals einen König gehabt, jedenfalls hätte es einen anderen König gehabt, nicht David, von dem gesagt wird: »*Chai vechajam* – Er lebt und wird leben bis zum Ende der Tage.«

Was schulden wir Ruth? König David und – unsere Hoffnung.

Die Tradition schreibt das Buch Ruth dem Propheten Samuel zu. Wenn dies wahr ist, war Samuel ein äußerst begnadeter Schriftsteller und hatte eine wundervolle, romantische Phantasie. Dieses ungewöhnliche Buch ist wahrlich einzigartig: Es beginnt damit, Ereignisse zu beschreiben, die nichts mit nationaler Politik sondern mit individuellen Abenteuern zu tun haben. Auf seinen Seiten finden sich keine prophetischen Mahnsprüche, keine Wunder, keine göttlichen Interventionen. In der Tat, in dieser Erzählung ist Gott überraschend passiv. Die Geschichte handelt von der außergewöhnlichen Freundschaft zweier gewöhnlicher Frauen, die nach und nach immer außergewöhnlicher werden. Plötzlich ändert die Handlung ihre Richtung. Ein neues Element gesellt sich zur Freundschaft: die Liebe. Gleichermaßen mysteriös wie gefühlvoll, voller Spannung, auch voller Angst, entrollt sich die Liebesgeschichte auf vielerlei Ebenen. Sie berührt die Beziehung zwischen Mann und Frau, zwischen Individuum und Gemeinschaft, zwischen dem Anfang und dem definitiven Ende der Menschheit. Und trotzdem, das Volk Israel, ein Volk, vom Schicksal schon gezeichnet, kommt kaum darin vor. Rabbi Zeira sagt: Dieses Buch enthält keine Gesetze in Bezug auf Reinheit und Unreinheit, auf Verbotenes und Erlaubtes, auf das Sakrale und Profane. Es wurde einzig geschrieben, um uns den Lohn des Großmuts zu lehren.

Üblicherweise wird das Buch während *Schawuot*, dem jüdischen Wochenfest, gelesen. Warum? Weil König David, Ruths berühmter Nachfahre, an *Schawuot* starb? Eine andere talmudische Schule bietet eine andere Hypothese an: Gleich wie Ruth konvertierten unsere Vorfahren zum jüdischen Glauben, als sie die *Torah* empfingen. Wann geschah dies? An *Schawuot*.

Beim Lesen stolpern wir über bizarre Passagen; es enthält geschriebene Worte, die nicht laut ausgesprochen werden dürfen, und andere – äußere Hinzufügungen – die wir laut lesen, obwohl sie nicht Teil des Textes selber sind.

Aber selbst die bloße Existenz des Buches bleibt bizarr. Stellen wir uns vor: Hätten sich die Vorfahren von Ruth anders gegenüber unserem Volk verhalten, hätte Ruth womöglich niemals die Bühne der jüdischen Geschichte betreten.

Die Bibel schreibt: »Ein Ammoniter und ein Moabiter darf niemals zur Gemeinschaft – oder Versammlung – Gottes gehören.« Warum nicht? »Weil sie euch weder Brot noch Wasser gaben, als ihr aus Ägypten ausgezogen seid.« *Wie bitte?* Weil diese zwei Stämme sich gegenüber unseren flüchtenden Vorfahren nicht gastfreundlich zeigten, sollten ihre Nachfahren bestraft werden – auf immer? Welchen Grund hat solche Strenge gegenüber Männern und Frauen, die vielleicht selbst weder Brot noch Wasser besaßen? Ist ihr einmaliges Verhalten Grund genug für uns, uns niemals mehr um das Wohlergehen ihrer Nachfahren zu kümmern? Ist das gerecht? Darf man *so* lange *so* nachtragend sein?

Was könnte die Ursache für einen solch dauerhaften Groll sein? Die Tatsache, daß Balak, der König der Moabiter, Bileam anheuerte, um Israel zu verfluchen? Ist das alles? Bileam wurde angeworben, um uns zu verfluchen – na und? Seid wann haben wir Juden Angst vor antisemitischen Flüchen? Und überhaupt, haben sich Bileams Flüche nicht in Segen verwandelt? Ist unser erstes Morgengebet – »*Ma towu ohalekha Jaakow* – Wie schön sind deine Wohnstätten, Jakob« – nicht etwa von Bileams Sprüchen entnommen? Natürlich sind wir zornig auf Bileam, wir sind zornig auf den König, der ihn anwarb, wir sind zornig auf seine Untertanen, und wir sind zornig auf ihre Nachfahren. So sehr, daß wir ihre Sprößlinge nicht heiraten sollen. Aber Moment. Wie kommt es dann, daß ein Jude Ruth heiraten konnte? War sie nicht eine Moabiterin? Warum wird sie so bevorzugt? Nur weil sie als Urgroßmutter eines großen jüdischen Königs berühmt werden sollte? Richtig, sie konvertierte. Aber *wann* trat sie zum Judentum über? Nicht als sie

Naomis Sohn heiratete. Die Worte, die sie sagte, die jeder Konvertit bis heute ausspricht – »Ich werde gehen, wohin du gehst, schlafen, wo du schläfst, sterben, wo du stirbst, dein Volk ist mein Volk, dein Gott ist mein Gott« – zu wem sagte sie dies? Nicht zu ihrem Mann, sondern zu ihrer jüdischen Schwiegermutter. Wird sie deshalb so sehr akzeptiert? Weil ihre Konversion ohne jeden Hintergedanken erfolgte?

Beginnen wir mit dem Anfang. » *Wajehi bijmei schefot ha-'schefotim* ... – Und es geschah in den Tagen als die Richter richteten...«, oder, gemäß einer anderen Version, als die Richter selbst gerichtet wurden.

Das Land war von einer Hungersnot heimgesucht. Was wissen wir von diesem Land und seinen Einwohnern, den Moabitern? Überraschend viel. Es liegen vielfältige Quellen vor: babylonische, ägyptische, assyrische und – *lehawdil* – biblische. Eine Hauptquelle stellt der sogenannte ›moabitische Stein‹ dar, auch bekannt als ›die Inschrift von Mescha, dem König Moabs‹. Über ihre Religion, ihre Kultur, ihre nationalen Eigenheiten ist viel bekannt. Ihr Gott *Kemosch* belohnte oder bestrafte seine Gefolgschaft je nach ihrem Verhalten. Waren sie gut, wurden sie Eroberer; waren sie schlecht, wurden sie erobert – von Ägypten oder von Judäa.

König David, dessen Urgroßmutter, wie wir hörten, eine Moabiterin war, besiegte sie im Kampf, tötete zwei Drittel ihrer Krieger und machte die Übrigen zu Sklaven. Daher rührt – obwohl den Zivilisten keinen Schaden zugefügt wurde – ihr andauernder Haß gegen die Kinder Israels.

Die Moabiter werden in den Visionen unserer großen Propheten allenthalben zitiert. Sowohl Jesaja wie Jeremia sagen Moabs Fall voraus, Jeremia jedoch prophezeit Rettung für Moab als Teil der universellen Erlösung. Auch Ezechiel glaubt an einen moabitischen »heiligen Rest«, der gerettet wird. Zefanja jedoch ist überzeugt, daß Moab zerstört wird wie Sodom und Gomorra.

Der Text zeigt sich freundlich gegenüber künftigen Gelehrten und biblischen Exegeten. Präzise vermerkt er Zeit und Ort. Wir wissen, mehr oder weniger genau, wann und wo unsere beiden romantischen Helden, Boas und Ruth, sich begegneten: im Jahre 968 vor unserer Zeitrechnung – in Betlehem.

Oberflächlich gesehen schreitet die Erzählung schnell voran, fast atemlos, ohne Widerstand, ohne Hindernis. Sie ist nicht in Versen geschrieben? Nicht alle heiligen Schriften sind es. (Nebenbei bemerkt hat diese Tatsache Paul Krauss, einem berühmten Orientalisten der dreißiger Jahre, größten Kummer bereitet; er widmete sein Leben dem Beweis, die ganze Bibel sei in Versen geschrieben – darum nahm er sich schließlich das Leben.) Dennoch, auch wenn das Buch Ruth keine Poesie darstellt, es ist poetisch. Die Geschichte, auf Tatsachen gegründet, ohne jeden Verweis auf das Übernatürliche, ist gekennzeichnet durch Realismus. Sie beginnt in Trauer.

Ein Mann namens Elimelech hatte eine Frau namens Naomi. Sie hatten zwei Söhne, Machlon und Kiljon. Eines Tages entschieden sie sich, ihre Heimat Betlehem in Judäa zu verlassen. Warum wird Judäa eigens erwähnt? Weil es Orte mit gleichem Namen in anderen Provinzen gab. Auch, weil die Familie beschloß, nicht nur ihr Haus und ihr Dorf, sondern auch ihr Heimatland zu verlassen. Wohin ging die Flüchtlingsfamilie? In das Land der Moabiter. Warum haben sie sich auf feindliches Gebiet begeben? Ihr Motiv war wahrlich sehr pragmatisch: Es war dort leichter, seinen Lebensunterhalt zu verdienen. Tatsächlich? Elimelech stirbt gleich nach ihrer Ankunft. Seine Witwe Naomi ist jetzt mit ihren zwei Söhnen allein. Wie kann sie ihre Familie ernähren? Ihre Sorgen währen nur kurz, denn ihre Söhne heiraten zwei moabitische Mädchen, Orpa und Ruth. Ist sie unglücklich darüber, daß ihre Söhne außerhalb ihres Glaubens heiraten? Sie sagt nichts dazu. Naomi ist stets still, zurückgezogen, sie verbirgt ihre Gefühle. Zehn Jahre später sterben ihre Söhne. Und wieder zeigt sie ihre Trauer nicht. Alles, was der Text uns preisgibt, ist, daß Naomi kurz nach dem Tod ihrer Söhne hört, die Situation in ihrem Heimatland Judäa habe sich verbessert. Es war Zeit, nach Hause zu gehen. Auch für Orpa und Ruth? Ja, für alle drei zusammen.

Sie brachen auf in dem Gedanken, unzertrennlich zu sein. Auf halbem Weg jedoch geschah etwas Unvorhergesehenes. Naomi besann sich eines anderen. Sie betrachtete ihre Schwiegertöchter und entschied, es wäre besser für sie, ihren eigenen Weg zu gehen. Sie seien jung, das Leben liege noch vor ihnen. Warum sollte man sie in ein Land führen, das nicht ihr Land war, warum sollte man sie unnötigem Kummer aussetzen? Sie versuchte, die beiden zur Vernunft zu bringen. Bei Orpa gelang es ihr, nicht aber bei Ruth. Sie unternahm drei Versuche und scheiterte. Ruth blieb beharrlich. Beharrlich in ihrer Treue, ernst in ihrem Entschluß. Ihre Antwort lautete: »Dein Volk ist mein Volk... Nur der Tod wird uns trennen.«

Was geschah danach? Danach gingen Naomi und Ruth nach Betlehem. Dort lebte einer von Naomis Verwandten, der wohlhabend war und ein ehrbarer Mann: Boas. Er war der Besitzer von riesigen, bewirtschafteten Feldern. Ruth hatte die Idee, Ähren zu lesen, welche die Schnitter zurückgelassen hatten. Sie wußte nicht, daß sie sich genau auf jenem Feld wiederfand, das Boas gehörte, der, wie sollte es anders sein, sie schließlich entdeckte. Verliebten sie sich sofort, an Ort und Stelle? War es Liebe auf den ersten Blick? Der sprichwörtliche *coup de foudre*? Wir wissen es nicht. Wir wissen nur, daß sie heirateten und daß Generationen später David, ihr Nachfahre, den Thron Judäas bestieg. Und daß jener für das jüdische Königtum steht – und stehen wird bis an das Ende der Tage.

Aus welchem Grund beschäftigen wir uns mit dieser Liebesgeschichte so sehr? Und warum wurde sie in den biblischen Kanon aufgenommen? Sie enthält Sinnenfreude, nicht aber transzendente Elemente. Sie ist eine Geschichte über menschliche Beziehungen, nicht aber über Gott und seine Werke. Warum also ist sie heilig?

Wir werden die wichtigsten Personen dieser Geschichte analysieren; zuvor jedoch einige Worte zu ihrem gemeinsamen Problem: dem des Fremdseins.

Im allgemeinen besteht die jüdische Tradition auf dem Recht einer jeden Person, verschieden zu anderen zu sein. Die Juden waren selbst Fremde in Ägypten; deshalb sind sie gerufen, alle Fremden so zu respektieren, wie sie sind. Man darf deren Art zu leben nicht zu ändern trachten. Man darf nicht versuchen, sie sich anzugleichen. Jedes menschliche Wesen spiegelt das Bildnis Gottes wider, der selbst kein Bildnis besitzt: meines ist nicht reiner oder heiliger als deines. Die Wahrheit ist eins, aber die Pfade, die zu ihr führen, sind viele. In den Augen des Vaters sind all Seine Kinder Seiner Liebe würdig. In meinen Augen ist der Andere der Mittelpunkt der Welt, ebenso wie jeder Andere dies in seinen oder ihren Augen sein sollte. Nur unter totalitären Regimen gleichen sich die Bürger im Aussehen, Sprechen und Handeln.

Ist die Geschichte von Ruth eine Verteidigung des Übertritts zur jüdischen Religion? Keineswegs. Die jüdische Religion hat mit wenigen Ausnahmen Konversionen abgelehnt. Bevor eine Person in die eigene Herde aufgenommen wird, muß er oder sie gewarnt werden vor all dem, was er oder sie vielleicht erdulden muß. Dem Kandidaten müssen die Verfolgungen ins Bewußtsein gerufen werden, die Leiden, die Qualen, die Massaker, von denen das jüdische Gedächtnis voll ist. »Bist du bereit? Ziehst du nicht ein ruhigeres Leben vor?«

Selbst auf der persönlichen Ebene werden Anstrengungen unternommen, um den Kandidaten zu entmutigen. Zu konvertieren bedeutet, nicht nur den eigenen Glauben sondern auch seine Familie zu verlassen: Du wirst neu geboren als Kind von Abraham und Sara.

Um den Kandidaten einzuschüchtern, wird ihm gesagt, daß ein Konvertit theoretisch – ich betone: theoretisch – seine eigene Schwester oder gar seine Mutter heiraten könnte; eine solche Heirat würde nicht als Inzest betrachtet. Ich frage mich, was Freud dazu sagen würde. Wenn dies dem Kandidaten keine Angst einjagt – was dann?

Im Judentum respektieren wir die Freiheit und Identität des Fremden, sein Recht zur Selbstbestimmung. Weil der ›Andere‹ anders ist, weil er oder sie nicht mit mir identisch ist, sehe ich ihn als souverän und als Werkzeug Gottes, um in der Geschichte zu handeln und um den Glauben an Ihn und Seine Schöpfung zu rechtfertigen.

Wann mißtrauen wir einem Fremden? Wenn er oder sie aus unserer eigenen Mitte kommt. Im Hebräischen gibt es einen Unterschied zwischen *ger, nochri* und *zar*. Alle drei Wörter stehen für den Fremden. Die Schrift ist freundlich zu dem *ger*, voller Mitgefühl gegenüber dem *nochri*, aber abweisend gegenüber dem *zar*. Denn nur der *zar* ist jüdisch. Ein Jude, der sich von seinem Volk entfremdet hat, ein Jude, der sein Judesein dazu benutzt, andere Juden zu verunglimpfen, ein Jude, von dem gesagt werden kann, daß »er sich von seiner Gemeinschaft entfernt hat«, der weder ihr Leid noch ihre Freude teilt, dieser Jude ist nicht länger unser Bruder.

Aber Ruth ist unsere Schwester. Warum wird sie von unserer Tradition so verehrt? Weil die jüdische Religion Konversionen ablehnt, schließt sie die Konvertiten besonders in ihr Herz. Ruth ist nicht die einzige. Auch andere berühmte Fälle werden überliefert, nicht zuletzt mit einem gewissen Stolz. Der Neffe des römischen Eroberers Aquilas (oder Onkelos), der König von Himjar im fünften, die Kazars im achten Jahrhundert, der gelehrte Proselyt Obadia aus der Normandie, einige Prinzen und Bischöfe, Lord George Gordon aus London, ein britischer Aristokrat – sie alle entschieden sich eines Tages, zum jüdischen Glauben überzutreten, als Jude zu leben, sich als Jude zu kleiden, als Jude zu beten, selbst bis ins Gefängnis, selbst bis in den Tod...

Nach dem Talmud kam es zu besonders bizarren Phänomenen in der Geschichte: Unter den Konvertiten finden sich einige unserer grausamsten Feinde. Was tat General Nevuzradan, der Mörder von Hunderten von Gelehrten und Tausenden von Kindern, als niemand mehr übrig blieb, den er töten konnte? Er konvertierte. Das gleiche wird von Nero berichtet. Und schließlich gibt es den Nachfahren von Haman, der eine jüdische Schule, eine *Jeschiwa*, in Bnei-Brak gegründet haben soll. Die Bedeutung solcher Legenden? Sie sollen uns lehren, daß Geschichte niemals abgeschlossen ist. Aus Bösem kann Gutes hervorgehen. Der Triumph des Bösen ist nur von kurzer Dauer. Selbst Mördern wird Reue zuteil: Eines Tages mögen Hohepriester und Gelehrte unter ihren Nachfahren sein. Oder umgekehrt. Solche Legenden lehren uns Bescheidenheit. Nicht alle unserer Vorfahren waren Propheten oder Poeten; nicht alle haben mit ihrer Weisheit zum Ruhme Gottes und seiner *Tora* beigetragen. Einige haben vielleicht Sünden und Verbrechen begangen und damit die Menschenwürde verletzt.

Kehren wir zum Buch Ruth zurück, das gerechterweise das Buch Naomi genannt werden müßte.

Wir haben drei Hauptfiguren: Naomi, Ruth und Boas. Und Nebenfiguren? Ebenso drei: Elimelech, Orpa und der anonyme »Löser«, der am Ende des Buches nur erscheint, um sofort wieder zu verschwinden. Dann natürlich finden sich, wie in jedem guten Drama, eine Menge weiterer Personen: die Ährenschnitter, die Zuschauer, die Nachbarn, die Passanten – kurz, die ganze Bevölkerung Betlehems, die, wie der Chor in griechischen Tragödien, am Stück teilhat durch Aufschreie, schweigende Gesten, vielsagendes Augengezwinker und Gemurmel.

Am Anfang sind alle freundlich, nett, reizend.

Elimelech bewegt uns nicht nur wegen seinem persönlichen Schicksal, sondern auch wegen seiner Unfähigkeit, es zu überwinden. Er hatte eine Frau und zwei Söhne, die er nicht ernähren konnte, eine Situation, die ihm solchen

Schmerz bereitete, daß er sich gezwungen sah, seine Heimat zu verlassen und im Land der Moabiter als Fremder unter Fremden zu leben. Ohne Zweifel, er hatte gehofft, eines Tages zurückzukehren und von vorne zu beginnen – aber es sollte nicht sein: er starb. Wann? Wir wissen es nicht. Der Grund? Auch ihn kennen wir nicht. Aus Kummer? Aus Verzweiflung vielleicht? Aus Heimweh? Es war nie leicht, als Flüchtling zu leben. Starb er aus Reue? Aber er war doch ein guter Vater, ein guter Ehemann, ein guter Jude. Hat er es bereut, das Heilige Land verlassen zu müssen? Sein Schicksal war tragisch; es ist unmöglich, für ihn kein Mitgefühl zu empfinden.

Dann, Naomi: Ihr Name und ihre Persönlichkeit spiegeln alle Zärtlichkeit und Liebenswürdigkeit der Welt wider. Selbstlos, wie sie war, dachte sie stets an andere, niemals an sich selbst. Zu Hause in Betlehem war sie glücklich; soviel wissen wir. Selbst inmitten des Unglücks fand sie eine Möglichkeit, Freude heraufzubeschwören, nicht um ihretwillen, sondern für die Menschen um sie herum. Man kann sie sich immer beschäftigt vorstellen, wie sie für ihren Mann, ihre Kinder und deren Frauen sorgt. Ihre Söhne heiraten moabitische Frauen? Wenn sie dadurch verletzt war – sie muß es gewesen sein –, so zeigte sie es nicht. Niemals kränkte sie Orpa und Ruth durch ihr Verhalten ihnen gegenüber. Indem sie ihren Kummer mit Würde trug, zeigte sie einen beispielhaften Mut im Umgang mit den Herausforderungen des Lebens. Am Ende schließlich hatte sie alle Fäden in der Hand. Hinter allem, was in dem Buch geschieht, ist ihre Gegenwart zu spüren. Ja, das Buch hätte nach ihr benannt werden müssen. Warum ist das nicht der Fall? Ich vermute, daß sie gegen einen solchen Vorschlag ihr Veto einlegte. Naomi war zu bescheiden. Ruhm und Ehren waren für andere gut, nicht aber für sie.

Auch Orpa bewegt unser Gemüt. Nachdem sie ihren Mann verloren hatte, entschied sie sich, Naomi nach Judäa zu folgen. Warum? War ihr nicht klar, daß ihr Leben dort aus Entbehrungen und Sorgen bestehen würde? Das zählte für sie nicht. In Treue zu ihrem späten Ehemann wollte sie seinem Volk nahe sein, das ums Überleben kämpfte. Schließlich gab sie Naomis hartnäckigen Argumenten nach. Warum? Weil es zu anstrengend war, weiter zu gehen? Weil es einfacher war, in das Haus ihrer Eltern zurückzukehren? Nein. Sie erkannte, daß es für *Naomi* einfacher sein würde, wenn sie in ihrem Dorf ohne ihre Schwiegertochter wieder auftauchte. Wahrscheinlich geschah es um Naomi Willen, daß Orpa sie verließ.

Und Ruth? Sie ist einzigartig. Demütig und gehorsam akzeptiert sie alles ohne eine Spur von Auflehnung oder Weigerung. Ihr Mann, Kiljon, starb? Sie nahm seinen Tod ohne Klagen an. Naomi wollte nach Judäa zurückkehren? Sie wird mit ihr gehen. Naomi wollte sie davon abbringen? In aller Freundlichkeit überzeugte Ruth sie von ihrem Willen, bei ihr zu bleiben. Der Gedanke, Naomi, einst so glücklich und angesehen, würde jetzt allein und geschlagen nach Hause zurückkehren, war unerträglich für sie. Orpa änderte ihre Meinung auf halben Weg? Nun, Orpa war jung, sie würde wieder glücklich werden. Nicht jedoch Naomi. Naomi brauchte Ruth weit mehr als Orpa. Selbst als Ruth wieder heiratete und einen Sohn gebar, war es Naomi, die ihm den Namen geben durfte.

Kommen wir zu Boas, einem wahren Gentleman. Verteidiger der Schwachen, Beschützer der Armen. Er bemerkte eine unbekannte Frau auf seinen Feldern und tat alles, ihr *nicht* das Gefühl zu geben, sie sei ein Eindringling. Boas, die Ruhe in Person, hatte stets die Kontrolle über alle Situationen. Er wußte, was zu tun und zu lassen war. In seiner Gegenwart konnte nichts Böses geschehen. Boas, der von allen angesehen und bewundert wurde, rief ein Gefühl der Sicherheit und Dankbarkeit hervor.

Das kollektive Bild von Betlehem war gekennzeichnet durch Wärme und Mitgefühl. Seine Einwohner waren freundlich, niemals neidisch oder harsch. Fremde waren jederzeit willkommen. »*Hazot Naomi?*«, riefen die Menschen, als sie Naomi in ihren Straßen wiedersahen. Ist das nicht Naomi? Ist sie schließlich zurückgekehrt? Sie hegten nicht nur keinen Zorn gegen Naomi, weil sie sie in der Hungersnot verlassen hatte, sie waren sogar bereit, ihr zu Hilfe zu eilen. Sie hatten Mitleid mit ihr. Kein einziger sagte: »Naomi ist unglücklich? Sehr gut! Sie hat es verdient. Sie hatte keinen Grund, uns zu verlassen.« Und als Ruth den Erntearbeitern folgte, erlaubten sie ihr, die restlichen Ähren vom Feld zu lesen, anstatt die junge Frau wegzujagen. Ihre Frauen betrachteten sie nicht als Konkurrenz. Als sie Boas heiratete, gab es keinen Klatsch unter ihnen. Naomi teilte Ruths Freude – und ebenso tat es die ganze Gemeinde.

Sind wir deshalb von dieser idyllischen Romanze so entzückt? Wegen ihrer beruhigenden Aspekte? Weil darin kein Schurke vorkommt? Ist ein Leben ohne Schurken überhaupt denkbar? Kann eine Geschichte ohne Spannung und Konflikte bei irgend einem Leser überhaupt auf Interesse stoßen?

Beim zweiten Lesen aber können wir dunkle Flecken entdecken.

Zuallererst wird uns bewußt, daß die Erzählung von Anfang bis Ende in unergründliches Leiden gebettet ist. Bereits vom allerersten Satz an sind wir konfrontiert mit Hungersnot und Unglück. Die Dinge verlaufen keineswegs gut. Im Gegenteil. Wir erkennen, daß auch der Hunger eine Figur in diesem Drama spielt.

In früherer Zeit stellte der Hunger einen unwiderruflichen Fluch dar. Reich und arm, jung und alt, Könige und Bettler, sie alle lebten in der Furcht vor einer Dürre. Alle beteten zusammen mit den Priestern um Regen. Regen bedeutete Ernte, Ernte bedeutete Nahrung, Nahrung bedeutete Leben – wie das Fehlen von Nahrung Tod bedeutete.

Bis heute. Mehr noch. Hunger bedeutet Demütigung. Ein hungernder Mensch hat das alles dominierende Gefühl der Scham. Der Vater, der seine Kinder nicht ernähren kann,

Der Sohn, der die Hilflosigkeit seines Vaters mitansehen muß. Alles Verlangen, alle Sehnsucht, alle Träume verlieren ihre Erhabenheit und kreisen nur noch um die Nahrung. Daher das Gefühl der Demütigung.

Im Hebräischen wird Scham nur mit einer ›Krankheit‹ in Verbindung gebracht: Hunger. *Kherpat-raaw:* die Schande des Hungers. Um vor ihr zu fliehen, ist man bereit, alles hinter sich zu lassen. So wie Abraham. Und Jakob.

Und Elimelech.

Schweren Herzens brachen er und seine Familie ins Unbekannte auf – auf der Suche nach Überleben. Sie befürchteten das Schlimmste. Und es trat ein. Prüfung und Tragödie wechselten sich ab. Als erstes kam der plötzliche Tod von Elimelech, der Naomi mit ihren zwei Söhnen allein zurückließ. Wollten Machlon und Kiljon, daß wieder Freude in das Waisenhaus einkehrte, als sie sich entschlossen hatten zu heiraten? Sie fanden zwei hübsche junge Mädchen aus gutem Hause. War dies das Ende ihre Tragödie? Leider nein. Nach einer kurzen Zeit der Ruhe, schlug das Schicksal erneut zu. Die beiden jungen Ehemänner brachen zusammen und starben. Woran? Starben beide an der selben Krankheit? Und starben beide genau am selben Tag? Der Text gibt sich überraschend bedeckt. Es scheint, als seien Erklärungen angesichts so vieler Leiden überflüssig. Man stelle sich die drei Witwen unter einem Dach vor; und die stille Trauer, die sie näher zusammen führt. Man stelle sich die unausgesprochenen Fragen vor: Warum so viel Trauer in einem Hause? Warum hat der Tod nur die Männer heimgesucht? Warum hat er die Frauen verschont?

Naomi faßt den Entschluß, dem Exil ein Ende zu setzen. Wir haben die drei Frauen vor Augen, wie sie die Tür hinter sich schließen und den langen Heimweg antreten. An der Wegkreuzung wartet eine neue Prüfung auf sie: Sollten sie zusammen bleiben oder nicht? Sie gingen auseinander. Die Wege der beiden jungen Witwen – Schwestern und, nach einer Quelle, moabitische Prinzessinnen – trennen sich.

Werden sie sich je wiedersehen? Voll Tränen bleibt Orpa im Land der Moabiter zurück, während Naomi und Ruth nach Judäa gehen. Erinnerungen sind ihr einziges Gepäck.

Als sie in das Land Judäa kamen, das nicht mehr an Hungersnot litt, erweckten sie Mitleid. Die zwei Frauen waren geschwächt und arm, so arm, daß Ruth, die frühere Prinzessin, Arbeit suchen mußte. Zu jener Zeit war sie vierzig; damals waren für Frauen vierzig Jahre ein fortgeschrittenes Alter. Naomis Verwandter Boas war Ruths einzige Gelegenheit, wieder zu heiraten. Auf Naomis Rat hin, demütigt sich Ruth und geht des Nachts zur Scheune, um Boas zu treffen. Sie heiraten, aber selbst danach werden sie nicht glücklich leben, denn – so berichtet ein Kommentar – Boas starb an seinem Hochzeitstag.

Warum muß eine einzige Person so viele Schicksalsschläge erdulden? Eine einzige Familie? Welche Sünden könnten sie begangen haben, um so viel Not verdient zu haben? Leiden, so glaubt man, kommt niemals von ungefähr. Die talmudische Tradition ist davon überzeugt. Sie sieht Sünde und Strafe stets miteinander in Verbindung. Gott ist gerecht, und Sein Name ist Wahrheit, und Seine göttliche Wahrheit muß durch menschliche Gerechtigkeit bestätigt werden. Sehen wir uns also die Opfer unserer Erzählung auf mögliche Fehler hin genauer an.

Die Hungersnot in Judäa? Sie ist verknüpft mit dem Zustand moralischen Hungers, in welchen die Bewohner Judäas verstrickt sind. Der moralische Niedergang durchzieht alle Bevölkerungsschichten. Selbst die Gerichtsbarkeit ist davon betroffen. Überall herrscht Egoismus. Selbst die Richter werden von jenen gerichtet, die vor ihnen erscheinen. Man fragt sie: Wer seid ihr, notorische Sünder, uns das Recht zu predigen? Selten in der Geschichte war die Gesellschaft so heruntergekommen, so unmoralisch. Ein talmudischer Kommentator bemerkt: »Jene Generation weidete sich in maßloser Begierde und Sinnlichkeit.« Wie könnte Gott nicht eingreifen und sie an Seine Gegenwart erinnern?

Elimelech – warum mußte er leiden? Der Talmud spricht ihn schuldig. Er hätte sich im Himmel für seine Zeitgenossen einsetzen müssen. War er zu egoistisch? Zu egozentrisch? Vielleicht hätte er die nationale Katastrophe der Hungersnot verhindern können. Durch Gebete. Wenigstens das hätte er tun können. Andere Kommentatoren gehen weiter und behaupten, Elimelech war alles andere als ein freundlicher Mensch. Er hätte den Bedürftigen milde Gaben verweigert. Die hungernden Bettler hätte man mit leeren Magen und leeren Händen aus seinem Haus gewiesen. War er selbst arm? Nein, er hätte die Mittel gehabt, anderen zu helfen. Schließlich war er nicht irgend jemand. Er war der Nachkomme des berühmten Naschon ben Amminadab, der voller Mut den Durchzug durch das Rote Meer anführte. Elimelech war der oberste Mann in seinem Dorf. Und dennoch, anstatt das Schicksal seiner Gemeinschaft zu teilen, was tat er? Er lief davon! Wohin? Zu den Moabitern, deren Feindschaft gegen Israel so alt war wie Israel selbst! Waren deshalb die Anführer seiner Generation nicht populär? Kein Wunder, daß der Text, nach seinem Tod, ihn stets als *Elimelech isch-Naomi* erwähnt, Elimelech, der Mann von Naomi. Sie war die einzige, die seinen Tod beweinte.

Und seine zwei Söhne? Waren sie ohne Sünde? Ihre hebräischen Namen, Machlon und Kiljon, deuten an, daß sie fast dazu verdammt waren, vergessen zu werden: »*Nimchu wechalu min haolam*«, sagt der Midrasch. ›Von der Erde verschwunden, aus der Geschichte ausradiert.‹ Warum? Auch sie waren auf viele Weise schuldig. Erstens, auch sie machten den Fehler, ihre Mitbürger zu verlassen und aus Judäa auszuwandern. Zweitens, sie paßten sich zu schnell ihrer neuen Umgebung an. Sie hatten Erfolg und waren fast über Nacht keine Flüchtlinge mehr. So jedenfalls sagt es der Midrasch. Sie wurden reich, sehr reich, und gehörten zur Schickeria, so daß König Eglon von Moab ihnen seine zwei Töchter, Orpa und Ruth, zur Heirat anbot. Und anstatt zu antworten: »Wir sind Juden, wir haben nicht das Recht, moabitische Frauen zu heiraten, es verstößt gegen die Weisung des Mose und Israels«, ließen sie sich von dem königlichen Angebot hinreißen. Sie waren durch die äußere Erscheinung und die Insignien der Macht leicht zu beeinflussen, alles Dinge, die im menschlichen Leben oberflächlich sind; sie haben ihrem Volk nicht zur Ehre gereicht, darum mußten sie fern der Heimat untergehen.

Aus diesen Gründen sind wir von dem Vater und seinen Söhnen enttäuscht. Was aber können wir über die freundliche und großmütige Naomi sagen? War sie nicht eine ehrbare, untadelige Frau? Wir wollen sehen. Tat sie allen Menschen Gutes? Folgte sie ihrem Ehemann in die Fremde? War sie eine exzellente Ehevermittlerin? Ja. Wie aber steht es um ihre Mutterrolle? Wenn ihre Kinder von Geld und Macht geblendet waren, war es dann nicht auch *ihr* Fehler? Welche Art Erziehung hat sie ihnen zuteil werden lassen, wenn die leichteste Versuchung sie von ihrem Volk und ihren religiösen Traditionen wegführt? Was hat sie ihnen als jüdische Mutter gesagt, um sie davor zu warnen, Mädchen zu heiraten, die nicht zum jüdischen Glauben übertraten? Hat sie wenigstens einen Versuch unternommen? Warum hat sie Orpa und Ruth nicht überzeugt, den Glauben ihrer zukünftigen Ehemänner anzunehmen? Gibt es eine jüdische Mutter, die nicht wenigstens ein bißchen unter diesen Umständen leidet? Alles, was uns der Text verrät, ist: »*Watischaer haischa mischne jeladeha umeischa:* Nach dem Tod ihres Mannes und ihrer beiden Söhne, blieb Naomi allein zurück.« Man mag darin einen Hauch von Reue erspüren; das ist natürlich. Zurecht oder zuunrecht, der Überlebende fühlt sich stets schuldig, daß er am Leben geblieben ist. Die Frage ›Was habe ich getan, daß ich das Leben verdiene‹ bedeutet auch ›Was habe ich getan, um die Einsamkeit zu verdienen‹. Zu Zeiten beneiden die Überlebenden die Verschwundenen. Naomi fragt sich: Wenn ich nun einsam bin, dann deshalb, weil *sie mich* verlassen haben? Was habe ich getan, um dies zu verdienen? Fast spricht sie es aus, nur mit anderen Worten: »*We-Schaddai hera li.* – Und Gott läßt mich leiden, quält mich, straft mich.« Gott, nicht das Volk. Macht sie ihm Vorwürfe? Macht sie *sich* Vorwürfe?

Selbst der anonyme »Löser« hat Schattenseiten. Er ist bereit, den Besitz von Elimelech an sich zu nehmen, aber als er hört, daß er – so schreibt das Gesetz es vor – sich auch um Ruths Wohlergehen kümmern muß, ist er, der Schurke, blitzschnell verschwunden.

Selbst der gute und große Boas wirkt keineswegs anziehend. Naomi ist seine Verwandte, seine verarmte Cousine. Warum kümmert er sich nicht um sie? Warum bietet er ihr weder Obdach noch seinen Schutz an? Hat er ihr wenigstens einen Höflichkeitsbesuch abgestattet? Ohne weiteres könnte er sie materiell unterstützen. Warum tut er es nicht? Warum versucht er nicht einmal, herauszufinden, ob sie etwas braucht? Hätte Boas sich ein bißchen großzügiger gezeigt, wäre Naomi nicht in eine so peinliche Lage gekommen; sie hätte Ruth nicht ausschicken müssen, um Nahrung oder Geld für den Haushalt zu bekommen. Wie steht es um seine sprichwörtliche Großzügigkeit?

Im Talmud wird Boas als scheu beschrieben, ein wenig ängstlich vor jedem und allem. Er will Ruth heiraten, ist aber unfähig, sein Zögern zu überwinden. Er hat Angst. Angst, die gleiche Strafe zu erhalten, die ihr früherer Mann erhielt. Boas sagt sich: Naomis zwei Söhne starben, weil sie moabitische Frauen geheiratet hatten. Was wird mir geschehen, wenn ich eine von ihnen heirate? Spricht so ein Mann, der sich verliebte? Sollte ein Verliebter nicht weniger Berechnungen anstellen?

Orpa? Sie hätte ein wenig hartnäckiger sein sollen, einen weiteren Versuch unternehmen sollen, bei Naomi zu bleiben. Daß sie nicht war, was sie hätte sein sollen, wurde später Teil der Legende; dort heißt es, sie wurde zur Urgroßmutter von... Goliat.

Noch einen letzten Blick auf die anonymen, dabeistehenden Zuschauer, den ›Chor‹. Ihr Ausruf »*Hazot Naomi?* – ist das nicht Naomi?« kann einerseits ihre Freude zum Ausdruck bringen, andererseits... ihre Schadenfreude, ihr Vergnügen, das Elend anderer anzusehen. Als wollten sie sagen: Ah, schaut euch diesen reichen Schnösel jetzt an! Vielleicht waren sie glücklich, sie so unglücklich zu sehen – all jene Nachbarn, die früher Naomis Reichtum und Adel beneidet hatten.

Zweifellos, der Midrasch beabsichtigt, ein eigenes Schema, ein eigenes Denksystem aufzurichten, mit dem Ziel, den biblischen Text zu ›korrigieren‹. In der Schrift sind alle Helden ohne Makel; im Midrasch ist keiner makellos. In der Schrift sind alle voll Großmut; im Midrasch wird jeder mit Mißtrauen betrachtet. Naomi, die herzensgute und selbstlose Naomi, ist zornig auf Gott, der »nur an mich denkt, um mich leiden zu lassen«. Boas, der gute und gepriesene Boas, wird von Ruth verführt. Man höre auf die Worte des Midrasch: »In jeder Nacht kam der *Jetzer Hara*, der böse Geist, um Boas zu bewegen, sich Ruth zu nähern, um ihm zu sagen: Du bist frei, sie ist frei, worauf wartest du noch? Nimm sie in deine Arme...« Gott sei Dank, Boas widerstand. Jedoch, einer Legende zufolge, streichelt er ihr Haar... nicht, weil er Verlangen nach ihr hat, Gott behüte. Er streichelt ihr Haar, um zu sehen, ob sie eine Frau oder ein Dämon ist, denn Dämonen haben keine Haare, jedenfalls glaubt es Boas so. Eine andere Version aus dem Midrasch berichtet uns, daß Boas, als er Ruth in seiner Scheune entdeckte, in Panik geriet und Ruth an ihren Füßen packte...

Was Ruth betrifft, müssen wir innehalten. Ruth bleibt die Ausnahme. Makellos im biblischen Text, bleibt sie makellos und ehrbar in all seinen Kommentaren. Ruth ist unantastbar, über alle Kritik erhaben. Sie richtet all ihre Gedanken auf Gott. Sie interessiert sich für nichts Weltliches. Als Tochter des Königs könnte sie zum Luxus des väterlichen Palastes zurückkehren, aber sie wählt die Armut, bleibt bei Naomi und bewahrt sie vor dem schlimmsten Schmerz, dem des Alleinseins, des Fremdseins in der eigenen Heimat. Es ist *ihre* Idee, in Betlehem zu arbeiten. Sie ist es, die den Lebensunterhalt der Kleinfamilie verdienen will. Sie bringt der Familie die Nahrung. Behutsam, unaufdringlich geht sie *hinter* den Ährenschnittern her, um sich nicht unter sie zu mischen, um sie nicht zu stören, sie nicht zu belästigen. Sie geht nur dort hin, wo sie vom Gesetz her gehen darf. Sie liest nur das auf, was andere zurückgelassen haben. Dann heißt Naomi sie, mit einem völlig Fremden eine Nacht in der Scheune zu verbringen? Sie tut es. Was aber wird er von ihr denken? Ruth ist nicht eingebildet. Er wird nichts Schlechtes denken, weil sie niemals Schlechtes denkt. Naomi heißt sie, die Decke zu lüften, die Boas' Füße bedeckt? Sie tut, wie ihr gesagt wird. Dies ist die einzige Nacht, die sie nicht bei Naomi verbringt. Der Talmud kommentiert: Normalerweise zieht eine Frau einen jungen Mann, auch wenn er arm ist, einem alten Mann vor, der Reichtümer besitzt. Nicht so Ruth. Boas ist alt, aber Ruth nimmt ihn an. Sie kennt, sie fühlt Gottes Wille. Sie denkt niemals an etwas anderes. Gott ist allzeit gegenwärtig in ihren Taten, in ihren Gedanken.

Aber... wie kann Boas sie heiraten? Ist sie nicht immer noch eine Moabiterin? Hier verläßt der Talmud seine übliche Art, für alles eine Erklärung zu suchen. Einer der Weisen sagt, sie wäre bereits zu Hause konvertiert. Ein anderer behauptet, daß Gottes Verbot, keine Moabiter in die Gemeinschaft Gottes aufzunehmen, sich nur auf Männer erstrecke, nicht auf Frauen. Beide also, Ruth und Boas, sind tadellos. In der Tat, plötzlich entdecken wir talmudische Meister, die alle Anstrengung unternehmen, um die Personen der Erzählung und ihre Handlungen zu rechtfertigen. Selbst Machlons Ehre wird gerettet; sein Name stammt von *machal* – Vergebung. Gott wird ihm seine Fehler vergeben. Elimelech verließ Judäa? Er hatte keine Chance. Wäre er zu Hause geblieben, hätte sich die Geschichte um Ruth niemals ereignet. Und ohne Ruth, würde es einen David geben? Oder einen Sohn Davids, den Messias?

Und so entdecken wir ein neues Element – vielleicht das wichtigste von allen – in dieser wundersamen Geschichte: das des Zufalls. Oder ist es göttliche Vorhersehung? Lautet die Aussage dieser Erzählung, daß es niemals einen Zufall in der jüdischen Geschichte gibt? Hätte es keine Hungersnot in Judäa gegeben, wäre Elimelech zu Hause geblieben, Naomi hätte Ruth nie getroffen, Ruth hätte Boas nie geheiratet... Hätte Boas nicht seine Frau verloren genau an jenem Tag, als Naomi und Ruth in der Stadt eintrafen... wäre es nicht Boas Sitte gewesen, in der Scheune zu übernachten... wäre der anonyme Löser nicht in der letzten Szene im letzten Augenblick aufgetaucht... dann würde es keinen Messias geben.

In der jüdischen Geschichte und Tradition sind alle Ereignisse miteinander verknüpft. Am Ende des Buches nähern sich Boas und Ruth genau in jenem Moment den Toren der Stadt, als der Löser vorbeikommt. Boas ergreift die Gunst des Augenblicks und setzt den Prozeß in Bewegung, der zu seiner Hochzeit führt. Wie kommt es, daß der Löser genau in jenem Moment die Stadttore passiert? Der Midrasch antwortet: »Wäre er gerade am anderen Ende der Welt gewesen, hätte ihn Gott gepackt und ihn zu seiner Verabredung mit der Geschichte gebracht.«

In einer bereits erwähnten Midrasch-Quelle ist der Ausgang der Erzählung voll Trauer. Boas ist achtzig Jahre alt, als er Ruth heiratet. Er stirbt am Tag seiner Hochzeit. Aufs Neue ist Ruth Witwe. Allein. Und dennoch, am Ende sollen wir nicht ihre Einsamkeit, sondern unser Glück ins Bewußtsein rufen; wir müssen an ihren Nachfahren, David, denken.

Denn immer, wenn das menschliche Schicksal zum Besseren oder zum Schlechteren beeinflußt wird, müssen wir die Frage stellen: »Und wo ist Gott in all dem?« Der Midrasch antwortet: »Während all dieser Ereignisse, spricht Gott zu sich: Elimelech hat seinen Teil getan, Naomi den ihren und alle anderen ebenso; nun bin ich an der Reihe, meinen Teil zu tun.«

Und deshalb, aus der wundervollen Liebesgeschichte zwischen einem Mann und einer Frau wird eine andere Liebesgeschichte geboren: die, zwischen einem Volk voller Sehnsucht nach Ewigkeit und seinem ewigen Traum.

Die Söhne Davids

Der gute König Salomo, Davids Sohn, ist wahrlich verwirrend. Bei ihm weiß man nie, woran man ist: Ist er nun stark oder schwach, ist er hungrig nach Macht oder nach Weisheit? Ist er zu fromm oder nicht fromm genug? Strömt sein Herz vor Freude oder vor Traurigkeit? Als Person ist er schwer zu fassen. Dennoch, auf den ersten Blick erscheint er homogen, aus einem Guß. Das Bild, das er uns übermittelt, ist das eines Souveräns voller Freude und Gelassenheit. Unzählige Schriften, unzählige Geschichten erzählen uns von seiner Vorliebe für die Freude. Gab es je einen zufriedeneren, einen mächtigeren, einen weiseren Menschen? Schon die bloße Erwähnung seines Namens bringt die Leute zum Lächeln. Er scheint von Gott gesegnet zu sein. Er ist ein gut informierter Staatsmann, ein Meister internationaler Diplomatie, ein ehrgeiziger Politiker, ein scharfsinniger Psychologe. Alles, was er anpackt, ist von Erfolg gekrönt. Frauen mögen ihn. Zahlreiche bedeutende Personen gehören zu seiner Gefolgschaft. Er *ist* glücklich. Auch ist er ein Original. Er ist der Sohn eines großen Königs, aber er behauptet sich selbst als König auf seine eigene Weise. Er lebt nicht im Schatten seines Vaters, des großen Eroberers. Vor dem Ruhm des Krieges scheut er zurück. Als Gott ihn – in einem Traum – nach seinen Wünschen befragt, weiß er, was er antworten muß, um Sein Herz zu bewegen: »Verleih mir Weisheit, damit ich verstehe, das Gute vom Bösen zu unterscheiden.« Ist das alles? Ist Salomo so bescheiden? Ist er mit so wenig zufrieden? Gott belohnt ihn dafür: »Ich werde dir Einsicht gewähren und ein weises Herz: Niemand vor dir ist je so gewesen, niemand nach dir wird je so sein.« Die Konsequenz? Sein Leben entrollt sich wie ein Roman, nicht wie ein episches Gedicht. Salomo ist keine so schillernde Figur wie sein Vater. David schrieb ein Buch, Salomo schrieb drei. Hatte er nicht die einmalige Ehre, den Tempel zu erbauen, Gottes Wohnstätte auf Erden? Und weiter, war seine Herrschaft nicht gesegnet durch Frieden, soziale Sicherheit und Freude? Salomo, im Hebräischen *Schlomo*: Sein Name kommt von *Schalom* und bedeutet Frieden, der Mann des Friedens – und darum auch des inneren Friedens. Sein Name bedeutet auch *Schalem*, ein intaktes Wesen. Eine makellose Persönlichkeit. Keine Brüche, keine dunklen Flecken.

Und dennoch, die Geschichte ist viel komplexer als sie zunächst scheint – ebenso der Mensch Salomo. Damals, wie heute, ist es nahezu unmöglich, sich einer Person zu nähern, die alles *weiß*, alles *besitzt*, was sie wünscht, alles bekommt, was sie will, jeden beherrscht, der vor ihr steht. Daher rührt die zweischneidige Haltung unserer Weisen ihm gegenüber. Einerseits wird er glorifiziert. Andererseits wird er als jemand gezeichnet, der von seinen Schwächen übermannt wird – und davon gab es viele. Einige sind so beschämend für einen Sohn, besonders den Sohn Davids, daß sie uns vor ein Rätsel stellen: Wie kann ein großer König, ein Jude, Söhne haben, die ihm – zum größten Teil jedenfalls – Schande bereiten?

Nach dem Talmud kann ein rechtschaffener Mann der Vater oder Sohn rechtschaffener Männer sein, ebenso wie er genau der Sohn oder Vater von lasterhaften Männern sein kann. Auch in der Bibel? Ja, auch in der Bibel. Schließlich können die Eltern nicht immer für das verantwortlich gemacht werden, was aus ihren Kindern wird.

Wir wollen es zugeben: Biblische Eltern hatten oft Glück mit Gott, aber wenig Glück mit ihren Söhnen. In der Tat, je näher sie Gott gekommen waren, desto weiter scheinen sie sich von ihren Kindern entfernt zu haben. Nicht aber im Talmud. Dort entdecken wir wenig Streit und Konflikte unter den Söhnen berühmter Väter. Aber der Talmud spricht von »*zar gidul banim* – dem Leiden, Kinder großzuziehen«. War es immer so? Wahrscheinlich.

Weil dieses Problem bisweilen hoffnungslos erscheint, werden in jüngster Zeit Versuche unternommen, das *Problem* neu zu definieren, nicht dessen Lösung: Die Jugend von heute ist überzeugt, daß es ihr Recht und ihre Pflicht sei, ihre Eltern zu erziehen.

Hat Freud Recht – wieder einmal? Ist es möglich, ist es wahr, daß ein Sohn oft, wenn nicht gar immer, den Wunsch hegt, seinen Vater zu zerstören oder zu töten, oder wenigstens die Vaterfigur, die ihn als jungen Erwachsenen beherrscht?

War es nicht Oscar Wilde, der sagte, zuerst lieben die Kinder ihre Eltern, später verurteilen sie sie. Selten, wenn überhaupt, vergeben sie ihnen.

Nehmen wir als erstes Beispiel die erste Familie in der Geschichte: die Kinder von Adam und Eva. Kain und Abel konnten ihre unglücklichen Eltern nur noch unglücklicher machen, indem einer zum Mörder, der andere zum Opfer wurde. War dies der Grund für die Taten ihrer Kinder? Kann es sein, daß Kain auf jeden Fall seine Eltern bestrafen wollte, weil sie ihn in eine unvollkommene Welt geboren hatten?

Gut, sie waren keine Juden, aber was sagt das? Isaak war Jude, wie können wir erklären, daß Jakob ihn betrogen hat? Jakob war jüdisch, wie können wir das Verhalten *seiner* Söhne *ihm* gegenüber verstehen? Einer schlief in seinem Bett, ein anderer wurde mit einer Prostituierten intim, und sie alle waren Komplizen im Verbrechen als sie den Plan aushockten, das Lieblingskind ihres Vaters aus der Welt zu schaffen – Joseph. Die Söhne des Mose erscheinen blaß und wenig begeisterungsfähig; sie ließen kaum eine Spur zurück, während die Söhne Aarons, Nadab und Abihu, durch einen rätselhaften Unfall ums Leben kamen, ein Unfall, der viele nachdenklich stimmt und den einige Kommentatoren aufzuklären versuchten: Sie hätten sich unerlaubt in das Heilige Zelt begeben und seien daraufhin verbrannt. Eine

Quelle beschuldigt sie, betrunken gewesen zu sein. Eine andere wirft ihnen vor, ein unreines Feuer am heiligsten Ort der Wüste entzündet zu haben. Ein dritter Kommentator geht noch weiter: Glaubt man ihm, so seien Nadab und Abihu auf ihren berühmten Vater eifersüchtig gewesen, ebenso auf ihren ruhmreichen Onkel Moses, dessen Stellung sie einnehmen wollten. Deshalb, so wird vermutet, wären sie durch das Lager gegangen und hätten jedem, der es hören wollte, erzählt: »Wie lange noch wollt ihr diese alten Männer über uns herrschen lassen? Schickt sie weg und macht Platz für uns!« Wie bitte? Gerade die Söhne des ersten Hohepriesters, dem Gründer dieses Geschlechts, sprechen solch' unverschämte Worte als ob sie auf einen Politiker oder einen unliebsamen Beamten neidisch seien?

Und was Samuel betrifft, den letzten Richter und ersten Propheten, den Mann, der berufen war, zwei Könige zu krönen und zu salben – auch seine Söhne brachten ihm wenig Freude. Es wird berichtet, sie seien nicht besonders populär gewesen; man bedenke, daß dies nicht unbedingt ein schlechtes Zeichen ist: Die wenigsten Propheten waren populär oder wollten es sein. Aber Samuels Söhne waren unbeliebt aufgrund schlimmer Dinge: Sie waren Richter, korrupte Richter. Wegen ihrer Taten, war die Gerichtsbarkeit selbst korrupt.

König Saul – auch er hatte Probleme mit seinen Kindern Michal und Jonatan. Er verdächtigte sie, seinen früheren Beschützer und jetzigen Gegner David mehr zu mögen als ihren Vater. David, er sollte der berühmteste jüdische König werden, seine Söhne jedoch waren mehr als eine Enttäuschung.

David hatte achtzehn Söhne. Sechs wurden in Hebron geboren, zwölf in Jerusalem. Vier machten ihm ernsthafte Schwierigkeiten. Amnon, der Älteste, verliebte sich in seine hübsche Halbschwester Tamar. Erst verführte er sie, dann demütigte und verstieß er sie. Der biblische Text zeichnet ihn ungeheuer gerissen und grausam. Schauen wir uns das

Szenario an. Zuerst täuscht er vor, krank zu sein, so krank, daß er verzweifelt jemanden braucht, genauer: eine Krankenschwester. Schick mir Tamar, sagt er zu seinem Vater. Sie und sie allein kann sich um mich kümmern. Tamar, zärtlich und freundlich, gerät in seine Falle. Sie ist aufmerksam und gefühlvoll – wie könnte sie anders sein? Schließlich ist er krank, nicht wahr? Sie bereitet ihm seine Lieblingsspeisen, sie gibt ihm das Essen, sie tut alles, daß er sich besser fühlt, und dann, plötzlich, versucht sich Amnon, ihr Halbbruder, an sie heranzumachen! Natürlich zieht sie sich zurück, aber er läuft ihr hinterher. Mutig, wie sie ist, stößt sie ihn zurück. Aber er ist ausdauernder, hartnäckiger und – stärker als sie. Noch immer sagt sie nein. Dann ändert Amnon seine Taktik, er spricht von seiner Liebe zu ihr. Man kennt die Worte: ohne Hintergedanken, rein, einzigartig, verzehrend, unendlich. Er spricht wie ein hinterhältiger Bub, der ein unschuldiges Mädchen erobern will. Schenkt sie ihm Glauben? Kann sie so naiv sein? Am Ende besitzt er sie. Dann, mit einer Geste des Ekels und der Abscheu, läßt er, der Halunke, sie im Stich und wirft sie hinaus...

Tamar mußte gerächt werden – von ihrem Bruder Abschalom, der Amnon töten sollte und ihn schließlich bei einer Familienfeier umbrachte. Abschalom, ein Ehrenmann? Ein Mann der Leidenschaft, aller Leidenschaften einschließlich Ehrgeiz und Neid – so weit, daß er den Thron seines Vaters begehrt, als dieser noch bei guter Gesundheit residiert. In Komplizenschaft mit Intriganten und Verschwörern im Umkreis des königlichen Hofes inszenierte er einen richtiggehenden Aufstand. Auf politischer Ebene stachelt er die Bevölkerung zur Rebellion auf, auf militärischer Ebene sammelt er eine mächtige Armee, mächtiger als die seines Vaters.

Wie ist Abschaloms Erfolg in der Öffentlichkeit zu erklären? Wahrscheinlich war ein Teil der Bevölkerung mit Davids Wirtschaftspolitik unzufrieden. Außerdem war Abschalom ein gutaussehender Mann. Wer ihn sah, war von seiner Erscheinung beeindruckt, besonders von seinem langen und geflochtenen Haar. So kam es, daß sein Haar sich in den Ästen eines Baumes verfing; seine Haarpracht war schuld an seinem Ende. Da er sich nicht befreien konnte, blieb er an dem Baum hängen und wartete auf den Tod. Joab, der Oberbefehlshaber der königlichen Armee, Davids Adjutant, setzte seiner Qual ein Ende.

Wie können wir Abschaloms Feindseligkeit *gegen*, nein, Abschaloms Haß *auf* seinen Vater verstehen, ein Haß, der ihn bewegte, Dinge zu tun, die sich eines Prinzen keineswegs geziemen? Nach dem Talmud drang er eines Tages in den Palast seines Vaters ein und nahm sich dessen Frauen und Konkubinen. Für den Psychologen zeigt dies das normale beziehungsweise abnormale Verlangen des Sohnes, den Platz seines Vaters einzunehmen – in jeder Hinsicht. Ist dies unmöglich, verwirft er seinen Vater und dessen Lebensstil und tut alles, um nicht zu sein wie er. So weit, so gut, aber ist es denkbar, daß sich einer der Söhne Davids so widerwärtig aufführt? Hatten sie ihm zu Hause keine Manieren beigebracht? Fürchtete er Gott nicht, oder wenigstens Gottes freimütigen Propheten Nathan? Verschwendete er keinen Gedanken an die katastrophalen Folgen seines Tuns?

Armer David. Den mächtigen Goliat hatte er bezwungen, nicht aber die Gier seiner Söhne nach Macht. Er besiegte den Feind, konnte aber nicht verhindern, daß Abschalom von seiner eigenen Dummheit besiegt wurde. Er herrschte über ein ganzes Volk, nicht aber über sein eigenes Haus. Und trotzdem, David liebte seine Söhne. Schnell – zu schnell? – vergab er ihnen ihre Sünden, ihre schlechten Taten. Aus diesem Grunde beschuldigt ihn der Talmud. Er war ein großer König, aber kein guter Vater. Er war nicht streng genug, nicht bestimmt genug mit seinen Kindern. Ein Vater sollte wissen, wie er seiner Autorität Geltung verschafft. Die Liebe darf ihn nicht so blind machen, daß er übermäßig nachgiebig wird. Dennoch, welcher Vater würde David verurteilen? Die Liebe eines Vaters ist nicht immer vernünftig.

Weil Abschaloms Opposition gegen ihn am größten war, liebte der Vater ihn am meisten.

Die Beziehung zwischen David und Abschalom scheint dramatischer, leidenschaftlicher als die zwischen David und Salomo. Abschaloms Tod ließ David niedergeschlagen, trauernd, ohne Trost zurück. »Warum starb nicht ich an deiner Stelle, mein Sohn?« Achtmal wiederholte er die Worte: »*Abschalom beni, Abschalom beni* – Abschalom, mein Sohn.« Seine Not und Bedrängnis waren so groß und so tiefgehend, daß sie ihm fast ein zweites Mal seinen Thron gekostet hätten. Sein Adjutant warnte ihn, sein Volk würde ihm den Rücken kehren, wenn er nicht aufs Neue beginnen würde zu leben, zu herrschen und die Geschäfte zu führen. David gab sich einen Ruck und fand seine Kraft wieder zurück, um sich aufzurichten und seine Macht zu sichern.

Aber seine Prüfungen hatten kein Ende. Der Kampf um seinen Thron setzte sich fort. Dieses Mal führte ihn Adonija, sein vierter Sohn, der wohl davon ausging, daß der König infolge der Trauer zu schwach sei, ihn zu bestrafen. Er erhielt Unterstützung aus hohen politischen und militärischen Kreisen. Er handelte, als sei er bereits König, denn er ging nirgendwohin ohne eine beeindruckende Eskorte von Reitern und Offizieren mit fünfzig Läufern an der Spitze. Hat man David informiert? Wenn ja, nahm er keinen Anstoß daran. Wußte er, daß sich Adonija selbst zum Herrscher gekrönt hatte, daß ihn seine Freunde und Komplizen mit dem Ruf »Lang lebe der König« grüßten? Wenn er es nicht gewußt hatte, Nathan, sein Prophet, kümmerte sich darum und fand es schließlich heraus. Zuerst ging dieser zu Batseba, Salomos Mutter, um seine Hilfe anzubieten. Er instruierte sie, einen Streit mit ihrem Mann zu beginnen. Nathan erarbeitete ein genaues Drehbuch für die Szene: Hatte der König nicht versprochen, daß *ihr* Sohn, Salomo, sein Thronnachfolger werden wird? War es Recht, nicht Wort zu halten? War ihm bewußt, was Adonija tat? Mitten in die Diskussion wird Nathan hereinplatzen und sagen, was *ihm* auf dem Herzen lag: daß auch Gott Salomo, nicht Adonija, erwählt habe. Angesichts dieser zweifachen diplomatischen Offensive wird dem König nichts anderes übrig bleiben, als nachzugeben. Natürlich behielt der Prophet Recht. Noch im gleichen Augenblick ordnete David an, Salomo zum König zu krönen.

Aufs Neue müssen wir sagen: armer David. Noch ist er am Leben, und schon kämpfen seine Söhne um ihr Erbe. Noch ist er König, und schon begehren sie seine Krone. Wie können wir diesen Mangel an Respekt seitens des Adonija und seitens des Abschalom erklären? Wie können wir ihre Härte, ihren Zynismus erklären? Was hatten sie aus dem göttlichen Gebot für die Kinder, ihre Eltern zu achten, gemacht? Wie konnten sie überhaupt daran denken, über das *Volk* Israel zu herrschen, wenn sie einen der höchsten Grundsätze der *Tradition* Israels brachen?

Man könnte nun argumentieren, daß Salomo seinem Vater alle Ehre machte. Aber... warum hat er die Krone angenommen, solange sein Vater noch am Leben war? Konnte er nicht warten?

Dennoch, verglichen mit seinen Brüdern verdient Salomo bessere Noten. Der Text verrät uns nichts über sein Verhalten vor der Thronbesteigung, nur, wie er sich danach benahm: Er verhielt sich seinem Vater und dessen Erinnerung gegenüber respektvoll und ergeben.

Tatsächlich zeigte er sogar ein gewisses, liebevolles Verständnis für seinen anmaßenden Bruder Adonija. Er versprach, sein Leben zu schonen, krümmte in der Tat »kein einziges Haar auf dessen Kopf«, hieß ihn in seinem Palast willkommen und sandte ihn reich beschenkt von dannen.

Mit anderen Worten, Salomo erscheint als Sohn fast perfekt. Hat ihn die Tradition deshalb auf einen so hohen Sokkel gestellt? Er war es, der den Tempel erbauen durfte. Er war es, der ihn einweihen durfte. Er war es, der es uns möglich macht, dank seiner Gleichnisse und Sprichwörter aus der Tora zu schöpfen wie aus einem lebendigen und doch unzugänglichen Brunnen. Er war es, der seinem Volk das Gefühl der Sicherheit und des Glücks vermittelte. In den Annalen jüdischer Geschichte erweckt sein Bild Liebe und Ehrfurcht. Er war ein Richter von unvergleichlicher Integrität, ein erleuchteter Anführer, ein Lehrer, dessen geistige Ausstrahlung ohne Beispiel war. Er war ein vollkommener König, ein vollkommener Sohn, ein vollkommener Mensch. Sein erster Name, Jedidja, paßt zu ihm: Gottes Freund. Gott war *sein* Freund. Gott sprach zu ihm im Traum. Er fragte ihn: »Was erbittest du von mir?« Da Salomo intelligent war, erbat er Intelligenz; da er weise war, bat er um Weisheit. Und Gott sprach zu ihm: »Du hättest um Reichtum und Macht bitten können, aber du wolltest Weisheit und Wissen. Ich werde dir es geben – und darum wirst du *auch* zu Reichtum und Macht gelangen.«

Seine Autorität war grenzenlos. Alle Könige der Erde eilten nach Jerusalem, um ihn zu sehen und ihn zu hören. Sie sandten ihre Söhne zu ihm, um seine Sekretäre und Diener zu sein. Sein Wort war Gesetz. Sein Wille wurde getan.

Und all dies stieg ihm nicht zu Kopf. Der Text sagt: »Und Gott verlieh ihm Weisheit und Einsicht, ein weites Herz, so weit wie der Sand am Strand des Meeres. Und Salomos Weisheit war größer als die Weisheit der Söhne des Ostens und überstieg alle Weisheit Ägyptens. Und er war weiser als die Menschen von Etan Ha-Esrachi, weiser als Heman, Kalkol und Darda, die Söhne Mahols, und sein Name war bekannt bei allen Völkern ringsum. Und er erzählte dreitausend Gleichnisse, und die Zahl der Lieder, die er sang, betrug tausendundeins. Und er redete über die Bäume und das Vieh, die Vögel und die Fische.... Und von überall her kamen die Menschen, um Salomos Weisheit zu hören.«

Jeder andere wäre der Eitelkeit erlegen – nicht aber Salomo.

Unzählige Legenden preisen seine Weisheit wie seine Menschlichkeit. Der Fall jener zwei Mütter, die darüber stritten, wem das Kind gehörte, ist allseits bekannt. Als ein

Kenner der menschlichen Seele, wußte er um die Stärke der Mutterliebe: Er wußte genau, daß keine Mutter zusehen könnte, wie ihr Kind in zwei Hälften zerteilt wird. Er kannte auch die Liebe eines Sohnes zu seinen Eltern, denn er war der einzige von König Davids Söhnen, der seinen Vater schätzte und mit ganzem Herzen und ganzer Seele liebte. Um den Körper des Vaters gegen die Sonne zu schützen, befahl er den Adlern, ihre schwarzen Schwingen auszubreiten und ihm Schatten zu spenden. Die Adler gehorchten ihm, denn er sprach alle Sprachen. Er war Meister in allen Wissensbereichen, in allen Kulturen. Die Sprachen der Vögel und der wilden Tieren waren ihm wohl vertraut. Alle Kreaturen waren ihm ergeben. Die Tiere standen vor seiner Küche Schlange, um ihm zu Ehren geschlachtet zu werden. Die Großen der Welt waren bereit, alles zu bezahlen, um bei ihm eine Einladung zum Festmahl zu bekommen.

Einmal, nachdem er einigen guten Wein getrunken hatte, beschloß er, seine Gäste zu unterhalten; er hieß Dämonen und Kobolde aufzuspielen und zu tanzen. Daraufhin klagte ihm ein Vogel sein Leid: »Drei Monate lang habe ich nichts gegessen, keinen Schluck Wasser getrunken und nicht geschlafen, denn ich habe nichts anderes gemacht, als durch die ganze Welt zu reisen auf der Suche nach einem Ort, der nicht unter deiner Herrschaft steht, Majestät. Nun, ich habe ihn gefunden. Er liegt im Königreich von Saba. Dort ist der Staub kostbarer als Gold. Geld hat nicht den geringsten Wert. Und Wasser bekommen die Bewohner direkt aus dem Paradies. Und noch etwas: Das Königreich verfügt über zahlreiche Armeen, aber... sie wissen nicht, wie man kämpft. Sie stehen unter der Herrschaft einer Frau, der Königin. Wenn du mir gestattest, Majestät, kehre ich zurück zu ihr und bringe sie zu dir, zusammen mit ihren Hofbeamten und Offizieren.«

König Salomo stimmt zu. An die Beine des Vogels bindet er einen Brief mit folgendem Inhalt – sinngemäß: »Ich, König Salomo, wünsche dir: Friede sei mit dir und deinem

Land… Sicher weißt du, daß Gott mir Macht über Tiere, Vögel und Dämonen verliehen hat. Alle Könige, von Ost bis West, kommen, um mir zu huldigen. Wenn auch du kommst, werde ich dich mit Ehren überhäufen. Weigerst du dich, so schicke ich dir die wilden Tiere und die kleinen Dämonen, die meine Reiter und Soldaten sind, um euch in eueren Betten zu erwürgen…«

Der Vogel fliegt davon. Eines Morgens kommt er im Königreich Saba an, genau in jenem Moment, als die Königin ihren Palast verläßt, um ihre Sonnengebete zu verrichten. Doch plötzlich scheint die Sonne erloschen: Schwärme von Vögeln verbergen sie hinter ihren Flügeln. Voll Furcht bricht die Königin in Tränen aus. Dann steigt der Botenvogel vom Himmel herab und übergibt ihr seine Botschaft. Die Königin, neugierig und doch erschreckt, fragt ihre Berater. Sie raten ihr, es sei sicherer, zu Hause zu bleiben. Aber sie wagt es nicht, die Einladung auszuschlagen. Drei Jahre lang ist sie unterwegs nach Jerusalem. Kaum ist sie angekommen, schnappt die Falle zu. Der König heißt sie in einem Glashaus willkommen. Die erlauchte Besucherin glaubt, er sitze im Wasser, in einem Bad. Um sich ihm zu nähern, zieht sie ihr Kleid aus und enthüllt unwillkürlich ihre behaarten Beine. »Deine Schönheit ist die Schönheit einer Frau,« sagt ihr der König, »aber du bist haarig wie ein Mann.« Darauf fühlt sie sich gekränkt und verletzt und sucht nach Rache. Sie gibt dem König drei Rätsel auf. Er löst sie ohne weiteres. Voller Bewunderung ruft die Königin von Saba aus: »Jetzt weiß ich, alles, was über deine Weisheit gesagt wird, reicht bei weitem nicht an die Wahrheit heran.« Von da an entstand eine tiefe Freundschaft zwischen den zwei Königen, eine Freundschaft die vielen Romanciers, Filmemachern und Broadwayproduzenten gute Geschäfte sichern würde.

Eine weitere Tugend König Salomos: Als er sich anschickte, den Tempel zu erbauen, machte er Gebrauch von seinen Verbindungen ins Ausland ebenso wie von seinen

Kenntnissen der okkulten Sphären und der Welt der Tiere. Jenes Projekt ist ihm teurer und dringlicher als der Bau seines eigenen Palastes; er steckt mehr Zeit und mehr Energie hinein. Er bittet sein ganzes Königreich, mehr noch, die ganze Welt um Mithilfe. Einhundertundfünfzigtausend ausländische Arbeiter arbeiten unablässig unter der Aufsicht von dreitausend jüdischen Vorarbeitern. Zwanzigtausend Sklaven werden gebraucht, um die Steinbrocken aus den Steinbrüchen zum Bauplatz zu schaffen. Jedermann arbeitet Tag und Nacht in einer Atmosphäre gespannter Erwartung. Es gibt keine Streitereien, keine Streiks, keine Krankmeldungen, die die Arbeit verlangsamen würden. Zugegeben, hier und da kommt es zu einem Zwischenfall. Zum Beispiel teilen die Arbeiter, die der ägyptische Pharao sendet, das Los, innerhalb eines Jahres sterben zu müssen. Astrologen haben es vorausgesagt. Der Pharao wähnt sich im Glauben, dem jüdischen König einen Streich spielen zu können. Die Sache ist nur, daß Salomo die Gabe der Prophetie besitzt. Aus diesem Grunde, schickt er sie nach Hause und stattet sie mit ihren Totengewändern aus. Dem Pharao schreibt er in einem Brief: »Es scheint, als ob es dir an geeigneten Stoffen fehlt. Ich sende dir eine Auswahl zu – zusammen mit deinen Männern.«

Wie durch ein Wunder wird keiner der Arbeiter während der Bauarbeiten krank, kein Werkzeug bricht entzwei. Dann endlich, der glorreiche Tag der Einweihung. Ein einzigartiger, hervorragender Augenblick: Der Tempel in all seinem Glanz wird Gott geweiht. Gott wird Seine Wohnstätte finden – mitten in der Stadt Davids. Dies ist der Moment von höchster Einheit zwischen Schöpfer und Seiner Schöpfung, von vollkommener Harmonie zwischen dem Gott Israels und dem Volk Israel. Wie könnte man nicht trunken sein vor Freude? Der König betet mit offenen Armen, die er dem Himmel entgegen streckt. Kommentar des Midrasch: Dies geschah, als wolle er sagen: ›Siehe, ich habe nichts vom Tempel für mich genommen, mein Gebet ist frei von jedem persönlichen Interesse. Ich denke nur an das Wohlergehen der Gemeinschaft.‹

Plötzlich beginnt der Kummer. Die Tore des Tempels öffnen sich nicht. Es ist unmöglich, den Heiligen Schrein hineinzubringen. Salomo, voller Panik, rezitiert vierundzwanzig Loblieder. Alles vergebens. Die Tore gehen nicht auseinander. »Herr, tu' es im Gedenken an Deinen Sohn David«, schreit er auf. Diesmal hat er Erfolg. Die Tore öffnen sich, die Einweihung findet statt.

In diesem Augenblick, so der Midrasch, verloren die Gegner Davids ihr Gesicht, denn sie erkannten, daß Gott David seine verbotene Liebe zu Batseba vergeben hatte. Welch' bewundernswerter Mann war Salomo, schrieben später die Kommentatoren. Er hatte die Macht, die Tradition zu widerlegen. Niemand, so beharrt der Midrasch, könne durch einen Stellvertreter Vergebung finden, David jedoch fand sie durch die Vermittlung seines Sohnes.

Indes, einen Punkt müssen wir genauer ausführen. Als Gott David darüber unterrichtete, daß nicht er, sondern sein Sohn der Erbauer des Tempels sein wird – warum protestiert er nicht dagegen? Warum nimmt er die Strafe Gottes mit so viel Gelassenheit hin? Könnte es sein, daß er es nicht als Strafe sieht? Könnte es im Gegenteil sein, daß er es als Milde versteht? Es ist, als wolle Gott ihm sagen: »Keine Sorge, David. Dein Sohn wird es weit bringen. Du wirst stolz auf ihn sein, so wie Ich es sein werde. Denn er wird zu Meiner Ehre den Tempel erbauen. Richtig, David, du wirst der Vater eines Tempelbauers sein.«

Darum lieben die Menschen Davids Nachfolger und Erben. Ist er glücklich, neidet ihm niemand seinen Stolz. Ist er unglücklich, weinen sie über sein Schicksal.

In der Literatur des Midrasch jedoch sind unsere Weisen nicht immer stolz auf Salomo. Sie sagen, er sei eingebildet, arrogant, machthungrig, schwulstig, unfähig, einen Widerspruch zu ertragen. Er erhebt harte Steuern, um seine Mammutprojekte zu finanzieren. Der Beginn seiner Herrschaft stellt eine besonders blutige Zeit dar. Einige einflußreiche politische Gegner werden ermordet. Ein Hohepriester wird des Amtes enthoben. Der Hof des Königs ist allseits bekannt für seinen Pomp und allseits überfüllt mit Dienern.

Richtig, das Land genießt eine ungewöhnliche Friedensperiode, es scheint aber, als fehle es an spiritueller Stärke, schöpferischer Energie und an Glauben. Fremde, die von den Aussichten auf materiellen Wohlstand angelockt werden, errichten ihre eigenen Tempel: für Astarte von Sidon, Milkom von Ammon, Kemosch von Moab. Warum duldet Salomo all dies? Er greift nicht ein, verbietet nichts. Ein einziger Prophet, Achija ha-Schiloni, weißt ihn ein wenig zurecht, aber es ist offensichtlich, daß sich der König wenig um Götzendienst kümmert. Götzendienst betrifft nicht Juden, es betrifft »die anderen«. Warum sollte man mit seinen Nachbarn und *ihren* Göttern Streit vom Zaun brechen? Laß' jeden tun und beten, was ihm gefällt. Eine laxe Politik? Einige Weise haben nichts dafür übrig.

Nebenbei bemerkt, es gibt tatsächlich Legenden über König Salomo, die man als sehr beunruhigend einstufen kann, so sehr fehlt ihnen jede menschliche Wärme. Um sein Sprichwort »Unter Tausend fand ich einen tugendhaften Mann, aber unter Tausend fand ich keine tugendhafte Frau« zu illustrieren, ging er so weit, eine Familie zu entzweien. Er befahl seinen Dienern, ein ideales Ehepaar zu suchen. Sie fanden es. Mann und Frau liebten sich heiß und innig und fürchteten Gott. Salomo rief den Mann herbei und sagte zu ihm: »Wenn du tust, was ich dir sage, werde ich dich reich und mächtig machen.« Der Mann fragte, was er tun müsse, um dem König zu gefallen. »Töte deine Frau«, antwortete Salomo. Der Ehemann überwandt seinen ersten Schock, ließ sich von dem Versprechen des Königs verlokken und akzeptierte den Vertrag. Salomo gab ihm ein Schwert und schickte ihn nach Hause. Jedoch, der Mann konnte seine Frau nicht erschlagen. Als er sie schlafen sah, dachte er an ihre Kinder und entschied, nichts in der Welt könnte das Glück aufwiegen, das er mit seiner Familie teilt. Deshalb kehrte er zum König zurück und sagte ihm: »Es tut mir leid, Majestät, aber ich kann es nicht tun.« Daraufhin zitierte Salomo die Frau zu sich. Er machte ihr ein ähnliches Angebot: Töte sie ihren Mann, würde sie die Lieblingskonkubine des Königs werden. Auch sie erklärte sich bereit. In der Nacht, nachdem sie ihrem Mann mit zärtlicher Liebkosung zu Bett gebracht hatte, zog sie Salomos Schwert und ... der Mordversuch schlug fehl. Wir wissen nicht, wie der Ehemann reagierte, wir wissen nur, daß Salomo zufrieden war: Siehst du? Nicht eine unter tausend Frauen ist wirklich tugendhaft.

Ich mag diese Legende nicht. Auch nicht diese Art Weisheit. König Salomo hätte nicht so weit gehen dürfen. Da er doch so clever war, hätte er andere Mittel finden können, seinen antifeministischen Einschlag zu illustrieren. Niemand hat das Recht, menschliche Wesen zu benutzen, um etwas zu beweisen. Die Liebe mag erprobt werden – aber nur von den Liebenden selbst. Vielleicht ist es erlaubt zu ermitteln, ob mich jemand liebt, aber nicht, ob ein anderer einen anderen liebt – oder betrügt. Nichts rechtfertigt es, Menschen gegen Menschen auszuspielen. Mehr noch, niemand hat das Recht, eine Familie zu quälen, indem er sie auseinanderreißt, ihren Frieden erschüttert – niemand, auf keinen Fall der König.

Natürlich ist diese Legende nur eine Legende, aber auch die anderen Geschichten sind Legenden. Einige beschreiben Salomos Macht, andere seine Grenzen. Eines Tages begegnete er zufällig dem Engel des Todes. Dessen Antlitz war betrübt. Salomo wollte wissen warum. »Weißt du«, antwortete der Todesengel, »ich bin traurig, weil ich diese zwei schwarzhäutigen Männer mit mir nehmen muß.« Darauf wollte ihn Salomo überlisten und sandte die beiden schleunigst nach Lotz, einer besonderen Provinz, über die der Todesengel keine Macht hatte. Am folgenden Tag traf er den Todesengel aufs Neue. Heute schien er voll überschwenglicher Freude. Wieder wollte der König wissen warum. »Ich bin glücklich«, sagte der Engel, »weil sie genau dort vorbei kamen, wo ich auf sie wartete.« (Übrigens, diese Legende klingt in zahlreichen Geschichten an, die von einer Begegnung in Samarkand erzählen.)

Warum hat Salomo das Spiel des Engels nicht durchschaut? Vielleicht weil seine Weisheit nicht so absolut war, wie sie oft dargestellt wird, noch war es seine Frömmigkeit. Führt man Textanalysen talmudischer Geschichten und Kommentare durch, spürt man einen wachsenden Unmut mit dem König. Plötzlich erfahren wir, daß die Bevölkerung beunruhigt ist, beunruhigt und unzufrieden: Die Steuerlast ist zu schwer, der König besitzt zu viele Pferde, zu viele luxuriösen Kutschen. Kurz, sein Lebensstil ist zu verschwenderisch, ohne Zweifel zu protzig. Er hat zu viele Frauen. Das Gesetz erlaubt ihm achtzehn – er aber hat eintausend, wenn man einer unglaublichen Legende Glauben schenken will.

Gegen seine Leidenschaft für Frauen werden in talmudischer Literatur erhebliche Einwände vorgebracht. Unsere großen Weisen nehmen ihm seine Heirat mit einer ägyptischen Prinzessin übel, der Tochter des Pharao, in der Nacht, als der Tempelbau beendet wurde. Hätte die Hochzeit nicht aufgeschoben werden können?

Ein Gelehrter kommentiert: In der gleichen Nacht geschah es, daß fern von jenem Ort, eine Stadt gegründet wurde: Rom.

Ein anderer Gelehrter fügt hinzu: In jener Nacht war das Volk Israel mit Freude erfüllt, ebenso die Tochter des Pharao. Und ihre Freude war größer als die des Volkes Israel. In diesem Augenblick beschloß Gott, hoch im Himmel, daß eines Tages die Heilige Stadt zerstört werden solle. Rabbi Hillel, Sohn des Heleni, faßt es folgendermaßen in Worte: »Es ist, als ob jemand an einem schmutzigen Ort ankommt und sich vor Ekel schüttelt.«

Es hat etwas Sonderbares und Beunruhigendes an sich, wenn die Weisen versuchen, verschiedene Ereignisse zusammentreffen zu lassen: auf der einen Seite ein kollektiver Höhepunkt an Glauben, auf der anderen Seite die Bedrohung durch kollektive Umnachtung. Die jüdische Geschichte also dachte, sie könnte Gott gefallen, indem sie Ihm einen Tempel errichtet? Fehlanzeige: Gott wandte sich ab. Jene Nacht, die in Buchstaben aus Gold und Feuer in Gottes Erinnerung und Plan eingeschrieben werden sollte, gab auch Anlaß für Trauer und Leid. Wessentwegen? Wegen Salomo. Er war zu glücklich, zu glücklich mit einer Frau, zu glücklich mit einer Braut aus fremdem Land. Sein Fehler war, seine Segen zu vermischen. In jener Nacht hätten seine Segen ihn näher zu Gott bringen müssen. Schließlich war es keine gewöhnliche Nacht. Pharaos Tochter hätte warten müssen. Aber sie war zu ungeduldig. Auch war die Tochter des Pharao gerissen. Raw Hunia sagt: In jener Nacht tanzte sie achtzig verschiedene Tänze vor Salomo. Einige Weise gehen noch weiter: Glaubt man ihnen, so hat sie tausend Sänger bestellt, um vor Salomo zu singen; jedesmal sprach sie zu ihm: Siehst du, auf diese Weise beten wir diesen und jenen Götzen an... Ein anderer Kommentator deutet an, daß Salomo die Unterhaltung abbrechen wollte, um rechtzeitig aufzustehen und den Tempel für die Vieruhr-Morgengebete aufzuschließen. Aber die Tochter des Pharao hatte ein Tuch über ihrem Bett ausgebreitet, eine Art Baldachin besetzt mit Diamanten und anderen kostbaren Steinen, die aussahen wie leuchtende Sterne. Salomo würde aufwachen, sie sehen und zu sich sagen: Noch ist es Nacht, kein Grund zur Eile. Dann, so berichtet Rabbi Levi, fiel tiefe Trauer über das Volk, das sich vor den Toren des Tempels versammelte. Sie wollten den Tempel betreten, um ihre vorgeschriebenen Gebete zu verrichten, aber die Tore blieben verschlossen. Der Schlüssel lag unter Salomos Kissen. Das Volk aber hatte Angst, ihn aufzuwecken. Schließlich klopften sie an die Tür der Königinmutter, Batseba. Sie ging und weckte ihren Sohn mit harten Vorwürfen, mit Worten, die nur eine gekränkte Mutter äußern kann.

War Salomo ein Lebemensch, ein Hedonist, ein Sünder? War er das Gegenteil des weisen Mannes, der er sein sollte? Schlief er mit einer ägyptischen Frau, in dem Moment, in dem sich sein Volk voll Inbrunst Gott hingab? Schlief Salomo selbst dann noch, als sein Volk danach verlangte, den Gebeten Gehör zu verschaffen? Wie kann man diese Mängel verstehen, diese moralischen Fehltritte eines Mannes, dessen Name und Taten mit dem Heiligsten der jüdischen Geschichte verknüpft bleiben?

Einige Kommentatoren des Talmud schreiben seine Schwächen seiner großen Intelligenz zu: Er war ihr auf Gedeih und Verderb ausgeliefert. Er glaubte, *jeder* Versuchung widerstehen, *jedes* Hindernis aus dem Weg räumen zu können. Zum Beispiel verbietet die Tora dem König, zu viele Pferde und zu viele Frauen zu besitzen, damit er nicht vom rechten Weg abkomme. Salomos Antwort? Ich gehe das Risiko ein; nichts kann mir geschehen. *Das* war sein Fehler. Aufschneiderei ist gefährlich. Wer meint, er oder sie sei schlauer als Satan, wird erfahren, daß ein anderer – Satan? – der Schlauere ist. Der Text sagt es klar und deutlich: »Auf seine alten Tage ließ Salomo seine Frauen dominieren.« Kommentar des Rabbi Hinja bar Abba: »Salomo hätte sogar Kloaken geputzt, um diesen Satz aus der Bibel zu verbannen.«

»Zu spät« – der Ausdruck, der jeder Tragödie sein schwarzes Siegel aufdrückt: Zu spät, die Vergangenheit zu ändern, zu spät, die eigenen Taten ungeschehen zu machen. Am Ende seines Lebens sah Salomo dies ein. Darum schuf er das Buch *Kohelet* – Prediger Salomo –, ein philosophisches Werk voller Skepsis, Bitterkeit und Melancholie. Mindestens eine Quelle aus dem Midrasch jedoch besteht darauf, daß Salomo *Kohelet* nicht im Alter, sondern in seinen Jugendjahren geschrieben hätte – als er noch romantisch war.

Mag sein. Das ist das Paradox des Lebens: Junge Menschen lieben es, mit dem Tod zu spielen, während alte Menschen gerne den Überschwang ihrer Jugend beschwören.

Dennoch, die erste Version erscheint logischer, natürlicher. Am Ende seines Weges hat man ein größeres Verständnis seiner selbst. So viele verpaßte Gelegenheiten, so viele falsche Triumphe. Ach ja, da ist die Begegnung, die ich nicht hätte streichen sollen. Das Wort, das ich nicht hätte schreiben sollen. Die Versuchung, der ich hätte widerstehen müssen. Wenn ich nur noch einmal von vorne beginnen könnte.... Zu spät. Zu spät, um zurück zu gehen, außer in Gedanken. Zu spät, das gebrochene Herz zu heilen.

Am Ende seines langen, ereignisreichen Lebens weiß der Autor von *Kohelet*, was jeder alte Mensch weiß: nämlich, daß alles im Leben Windhauch ist. Alles hat seine Zeit, alles hat sein Ende.

Auch diese Geschichte? Ja. Aber... warten wir kurz. Eine Geschichte noch über ein bizarres »Ereignis«, das um ein Haar König Salomos Selbstvertrauen zerstört hätte.

Unter rätselhaften Umständen gelang es einem Engel – einige sagen, es sei Aschmedai, der König der Dämonen –, dem König Salomo sein ganzes Königreich wegzunehmen. Er setzte sich auf dessen Thron, nahm seine physische Gestalt an, seine Gesichtszüge, den Blick seiner Augen, den Ton seiner Stimme. Er ahmte seine Art nach, Fragen zu stellen, zu antworten, zuzuhören, zu essen, umherzugehen, zu schlafen. Die Nation hatte keine Ahnung, aber Aschmedai war ihr König geworden.

Natürlich stellen sich Fragen. Wie konnte Salomo, der intelligente Herrscher, so leichtsinnig sein, einen Fremden, einen feindlichen Fremden, so nahe kommen zu lassen? Weiterhin, wo waren seine Söhne? Wo waren sie, als ihr Vater aus dem eigenen Palast verbannt wurde? Wo waren sie, ihn zu beschützen? Wurden auch sie von Aschmedai genarrt?

Der Midrasch zeichnet Aschmedai zunächst in Ketten, ganz und gar unter Salomos Kontrolle. Er klagt über seine Gefangenschaft und fragt Salomo: »Längst herrscht du über die ganze Welt, hast du es auch nötig, mich zu bezwingen?« Ja, Salomo brauchte ihn, antwortet der Midrasch. Nicht als Gefangenen, sondern als Arbeiter. Es gab einige technische Aufgaben, die nur Aschmedai lösen konnte. Salomo muß seine wahre Freude daran gehabt haben, zu beobachten, wie Satan als Bauarbeiter sein Bestes gab.

Eines Tages, nach Fertigstellung des Tempels, fanden sich der König und sein Gefangener alleine wieder, versunken in nostalgische Träume, in Gedanken an die Aufregung der vergangenen Tage. »Sag mir«; sagt Salomo, »woher kommt deine überragende Stärke?« »Ich werde es dir zeigen«, sagt Aschmedai. »Befreie mich nur von meinen Ketten, und leih mir deinen Ring.« Salomo erlag seiner Neugier, befreite ihn und reichte ihm seinen Ring, den Aschmedai sofort verschluckte, um ihn weit, weit weg zu speien. Salomo seufzte: »Was nur hat Bestand von all dem, was der Mensch tut unter der Sonne?« und: »Alles, was mir bleibt, ist mein Zepter. Zuvor regierte ich über Israel. Jetzt regiere ich nur über mein Zepter.«

Drei Jahre lang blieb Salomo ein gedemütigter König, bestraft dafür, Aschmedai zu viel Macht gegeben zu haben. Er ging von Stadt zu Stadt, von Haus zu Haus, von einem Ort zum anderen, klopfte an die Türen der Häuser und sagte: »*Ani Schlomo* – Ich bin Salomo...« Die Leute lachten. Sie machten sich über ihn und seine Halluzinationen lustig. Sie warfen ihn aus ihren Häusern, behandelten ihn wie einen verrückten Bettler, einen lästigen Eindringling. Überall war er unwillkommen. Trotzdem wiederholte er beharrlich: »Ich bin Salomo.« »Du?«, spotteten die Leute. »Hör auf mit dem Unsinn. Während du hier redest, sitzt König Salomo auf seinem Thron in Jerusalem!« Eines Tages zeigte er sich im *Sanhedrin*, dem Hohenrat, und erweckte Erstaunen. Einige der Richter fühlten, daß etwas Eigenartiges, etwas Beunruhigendes an dem Mann und seinen ungewöhnlichen Einbildungen war. Sie setzten eine Untersuchung in Gang, die die volle Tragweite des Skandals ans Licht brachte. Mit Hilfe des Unaussprechlichen Namens gelang es ihm,

Aschmedai zu entwaffnen und ihn erneut zum Gefangenen zu machen. Der König eroberte seinen Thron zurück, sein Königreich, seine Identität. Aber er war nicht mehr der gleiche. Jetzt wußte er, was es bedeutet, ein anderer zu sein.

Zum Schluß, eine letzte Frage: War er ein guter Vater? Hat er etwas aus seinen eigenen Erfahrungen gelernt? Die Bibel erinnert uns, daß er ernsthafte Probleme mit seinem Sohn Rehabeam hatte. Ich will es mit seinen eigenen Worte paraphrasieren: Generationen kommen und gehen, alle Flüsse fließen in den Ozean – und der Durst nach Macht wird niemals gestillt. Was also ist die Antwort?

Eine Legende.

Gegen Ende seines Lebens, ließ Salomo einen Ring anfertigen, ein Ring, der sonderbare Kräfte verlieh. Wann immer er unglücklich war, mußte er nur den Ring anziehen, um die Freude wiederzufinden. Wann immer er glücklich war, mußte er nur den gleichen Ring anziehen, um unglücklich zu sein wie zuvor. Wie lautete das Geheimnis? Drei Worte: »*Gam tse jaawor* – Auch dies wird vorübergehen.«

Was bleibt, wenn die Geschichte zu Ende ist?

Eine weitere Geschichte.

Ezechiels Fehler

KEIN PROPHET HATTE JE DIE GABE ZU SOLCHEN VISIO-
NEN. Keine andere Vision war je so radikal. Nie hat ein
Mensch solches Licht auf die Zukunft geworfen, denn nie
war ein Licht stärker, die Dunkelheit zu tilgen. Und dennoch, niemand hat je solche Dunkelheit gesehen, die absolute Dunkelheit, die der Dämmerung vorausgeht.

Es genügt, seinem Blick zu folgen, um von der Hoffnung
getragen zu werden, die er beschwört. Sieh hin, wenn er dir
befiehlt zu sehen, und du wirst mit der festen Überzeugung
belohnt, daß die Hoffnung für immer berechtigt ist. Hör auf
seine Worte, auf seine Stimme, und du wirst dich stärker
fühlen, stärker als der Tod, mächtiger als das Böse.

Ezechiel: Wer hat noch nicht von diesem faszinierenden
und leidenschaftlichen Rufer gehört, dessen Visionen von
Schrecken und Schönheit unzählige Generationen beeindruckt haben? Kein Bote bereitet uns größere Schmerzen,
keiner schenkt uns solchen Trost.

Spricht er harte Worte, scheint er erbarmungslos; ist
er freundlich, quillt er über vor Großmut. In seinen
schlimmsten Zornesausbrüchen bezeichnet er sein Volk als
häßlich und widerlich; doch plötzlich überkommt ihn das
Mitleid, und ein jeder und alles strahlt vor Freude und Hei-
terkeit.

Er schwingt zwischen der Schande der Sünde und dem
Glanz der Erlösung hin und her – für ihn gibt es nichts dazwischen. Ezechiel: Der Mann der Extreme. Sein Radius
reicht von der Ekstase des himmlischen Thronwagens (des
Merkaba) bis zum Schrecken der vertrockneten Gebeine in
der Wüste. Lesen wir den Text:

›Und ich blickte auf, und siehe, ein Wirbelsturm kam von
Norden, eine riesige Wolke und flackerndes Feuer, umgeben von hellem Schein; und mitten aus dem Feuer strahlte
etwas wie glänzender Bernstein, mitten aus dem Feuer.
Auch erschien mitten darin etwas wie vier lebendige
Wesen. Und das war ihre Gestalt: Sie glichen den Menschen; und jedes der Lebewesen hatte vier Gesichter, und
jedes hatte vier Flügel...«

Was folgt, ist wohl bekannt, doch selten wird es verstanden.
In der Tat, die gesamte jahrhundertealte Tradition der *Mer-
kaba-* oder *Hechalot*-Literatur, die sich mit dem himmlischen Thronwagen befaßt, leitet sich ab von Ezechiels Beschreibung seiner ersten, einzigartigen und fantastischen
Halluzination in seinem Buch.

Wer sind jene menschlich-tierischen Kreaturen, gleichermaßen gespenstisch wie göttlich, die auf unserem ordentlichen Planeten erscheinen? Was wollen diese außerirdi-
schen Wesen in unserer Mitte? Was für ein Zweck hat ihr
Besuch?

›Ihre Beine waren gerade, ihre Füße wie die Füße eines
Stieres... Unter den Flügeln an ihren vier Seiten hatten
sie Menschenhände – und auch sie hatten Gesichter und
Flügel... Und ihre Flügel berührten einander...«

Es liest sich wie ein Fiebertraum, ein Alptraum: All die
menschlichen und unmenschlichen Masken sind ineinander
verschlungen. Zersplitterte Bilder, abgebrochene Sätze, oh-
renbetäubendes Geschrei und sanftes Geflüster, Worte und
Schweigen werden benutzt, um zu beschreiben, was sich jeder Beschreibung entzieht: ein Reich, in dem Himmel und
Erde zu einem Element verschmelzen, Feuer und Eis sich
verbinden, Angst und Freude, der erste und letzte Atemzug
des Menschen, der sein eigenes Schicksal erblickt.

»Gleich dem Menschen, gleich den Löwen und Adlern,
gleich dem Firmament, gleich einem Thron...« – hat Eze-

chiel dies alles gesehen – wirklich gesehen? Hatte Gott wirklich beschlossen, ihm all das zu zeigen, was er vor den anderen verbirgt? Wenn ja, warum? Warum ihm, Ezechiel? Was zeichnet ihn aus? Alle Fragen in bezug auf Propheten und Prophetie – das Element des Zwangs zur göttlichen Mission, die Unberechenbarkeit der Antwort des Propheten – haben, was Ezechiel betrifft, noch mehr Gültigkeit. Was hatte er getan, um in Gottes Namen sprechen zu können? Warum flammt aus seinen Worten so viel Zorn, und dann wieder so viel Zuneigung?

In seinem Buch kommen Vokabeln, Wörter, Themen, Ausdrücke vor, die nirgendwo sonst zu finden sind. Zum Beispiel, daß er seine Worte »ißt«; auch erwähnt er »Herz-transplantationen« – und meint Herzen aus Fleisch statt Herzen aus Stein; der poetische Ausdruck »*Ben Adam*«, Menschensohn, wird so häufig verwendet, daß er fast zum Vornamen des Propheten wird. Außerdem ist er es, der von der Synagoge als dem *Mikdasch-Meat*, einem Tempel in kleinem Format, einem Tempel auf Zeit, spricht. Hatte er den Wirklichen je gesehen? Nur in seiner Phantasie. Aber seine Beschreibung – weit entfernt von Jerusalem – ist so real, so lebendig, daß sie eine Perle in sich darstellt. Ezechiel, der Prophet der Phantasie: Mehr als Jeremia hat er sowohl das Exil als auch die Erlösung vor Augen, beide zum Greifen nah. Wichtiger, er war der erste, der von *Kidusch Haschem* sprach, dem Vorzug und der ehrfürchtigen Pflicht Israels zur Heiligung des Namens des Herrn.

Kein Wunder, daß seine Erzählung den Leser mit solcher Wucht packt. Seine Stimme ist es, der wir folgen durch stürmische Zeiten und endlose Wanderungen, wir folgen ihr von Todesqual zu Todesqual und dann zu neuer Geburt.

Ezechiel spricht aus seinem Exil zu allen Generationen, in besonderem Maße zu unserer, denn mehr als seine Zeitgenossen haben wir die Zerbrechlichkeit sozialer Strukturen erfahren, ebenso wie die unbändige Kraft von Träumen und Mut.

Denn es gab eine Zeit, in der einige von uns tatsächlich ein verwüstetes Land gesehen hatten, übersät von trockenen Gebeinen.

Ja, wir können die Fähigkeit des Menschen bezeugen, die Erinnerung der Tragödie in unbändige Hoffnung zu verwandeln.

In der Tat, keine Generation kann Ezechiel so gut, so tief verstehen, wie die unsere. Man lese nur den Text und...

»*Wajehi bischeloschim schana*... Und es geschah im dreißigsten Jahr, am fünften Tag des vierten Monats, als ich im Exil war, bei den Verbannten, den Gefangenen, am Fluß Kebar, als sich plötzlich der Himmel öffnete und ich eine Erscheinung Gottes sah...«

Ohne Zweifel, die Geschichte beginnt in der Art einer Chronik. Der Stil ist präzise. Der Chronist will den Leser nicht verwirren. Deshalb wissen wir, was geschieht, wo, wann und wem.

Für den Fall, daß wir noch mehr Informationen brauchen, fügt der Chronist hinzu, daß das Ereignis im fünften Jahr der Gefangenschaft des Königs Jojachim stattfand.

»*Hajo haja debar Adoschem el Jechezkel ben Busi hakohen*... Das Wort Gottes erging an Ezechiel, den Sohn Busis, den Priester, im Lande der Chaldäer, am Fluß Kebar. Dort kam die Hand des Herrn über ihn. *Waere wehine*, und ich blickte auf, und siehe, ein Wirbelsturm kam von Norden...«

Aber... blicken wir nicht hin, noch nicht. Noch sind wir mit dem Eröffnungsstatement nicht am Ende. Es wirft einige Probleme auf. Die Geschichte beginnt in der ersten Person – *Waani*, springt in die dritte – *Watehi Alaw*, und kehrt zurück zur ersten: *Waere*, »und ich blickte auf«.

Sollten wir daraus schließen, daß des Propheten Kenntnis der Hebräischen Grammatik lückenhaft war, oder daß die Menschen schon damals Identitätsprobleme hatten? Oder daß er seine eigene gespaltene Persönlichkeit illustrieren wollte? Oder daß der Prophet stets Subjekt *und* Objekt in seiner Erzählung ist? Wahrscheinlich liegt die Antwort woanders. Der Wechsel der Personen könnte Anzeichen für eine gewisse Verwirrung im Kopf des Propheten sein, was nicht mehr als natürlich wäre. Schließlich befinden wir uns am Anfang der Geschichte. Der Prophet wurde soeben von Gott gerufen, und noch ist er erschüttert von dieser Erfahrung. Die meisten Propheten reagierten auf ähnliche Weise: Die Prophetie wurde ihnen aufgedrängt. Hätte Gott mit seinen Auserwählten nicht freundlicher sprechen können? Anscheinend nicht. Stets begann die Prophetie mit einem Schock. Hat Ezechiel deshalb die Realität so abrupt verlassen und ist in die Welt der Phantasie eingetaucht? Der historische Chronist verwandelte sich in einen Visionär. Hat er deshalb – anders als Jeremia oder Jona oder Mose – dem Ruf nicht widersprochen? Er sagte nicht: Warum ich? Er ließ Zeit und Vernunft hinter sich, blickte auf und sah einen Feuerwagen, sonderbare Tiere, halb menschliche, halb göttliche Kreaturen – er blickte auf und sah, was außerhalb und über der Schöpfung existiert.

Wie kann man den plötzlichen Wechsel erklären? Der Mann, der noch einen Abschnitt zuvor auf Klarheit und Exaktheit besteht, erlaubte seinem Geist so sehr zu schweifen, daß er vergißt, uns etwas zu erzählen, das von entscheidender Bedeutung sein mag. Sagte er nicht, Gott hätte zu ihm gesprochen? Warum also berichtet er uns nicht, was Gott zu ihm gesagt hatte? Nein, er verrät uns nicht, was er hörte, denn er war zu sehr damit beschäftigt zu beschreiben, was er sah! Und was er sah, erscheint denen so irreal, die in der Realität leben, daß ihnen verboten wird, seinem Blick zu folgen und... darüber zu sprechen.

Hören wir die Mischna in ihrer Abhandlung zur Hagiga: *Ein dorschin baarajot bescheloscha:* Man soll nicht mit drei Schülern über intime Beziehungen zwischen Mann und Frau sprechen; *welo bemaase bereshit bischnajim:* noch mit zwei Schülern über die Geheimnisse des Anfangs; *welo ba-merkaba bejahid:* noch auch nur mit einem Schüler über das Mysterium der *Merkaba*, des Thronwagens. Dieser letzte Hinweis bezieht sich wieder auf jene Visionen, die der Prophet Ezechiel in Babylon hatte, im fünften Jahr der Verbannung des Königs Jojachim.

Merkaba-Erfahrungen sind verbotenes Gelände, gefährlich für Außenstehende. Man kann sich ihnen nicht ungestraft nähern. Warum wird das Geheimnis der Schöpfung als weniger gefährlich betrachtet als das des Wagens? Maimonides kommentiert: Das erste handelt von der Schöpfung, das zweite von ihrem Schöpfer. Die Schöpfung ist immanent und darum faßbar – nicht aber der Schöpfer.

Gershom Scholem zitiert einen alten Text aus der *Hechalot*-Literatur, der uns davor warnt, die mystischen Grenzen zu überschreiten:

»Wer aber nicht würdig war, den König in seiner Schönheit zu sehen, dem verwirrten die Engel an den Toren den Sinn. Und sobald sie zu ihm sagten: ›Tritt ein‹, so trat er wirklich ein. Sofort preßten sie ihn und warfen ihn in den feurigen Lavastrom... Und am Tor des sechsten von sieben Palästen schien es, als ob Hunderttausende und Millionen Wasserfluten gegen ihn anstürmten, während doch nicht ein einziger Tropfen Wassers da war... Die Engel stehen vor ihm. Wenn er nun sagte: ›Was bedeuten diese Wasser?‹, so begannen sie ihn zu steinigen und riefen: ›Du Unwürdiger, siehst du es denn nicht mit deinen eigenen Augen? Bist du etwa einer der Kinder derer, die das Goldene Kalb geküßt, und nicht würdig, den König in seiner Schönheit zu sehen?!‹ Und er geht nicht von dannen, bis sie sein Haupt mit eisernen Stangen verletzen...«

Mit anderen Worten, nicht nur, daß wir unfähig sind, Ezechiels Visionen vom himmlischen Wagen zu verstehen, wir haben nicht einmal die Erlaubnis, sie zum Objekt wissenschaftlicher Analyse zu machen. Warum? Was ist so Besonderes an dem, was Ezechiel sah? Und warum war ihm, und nur ihm, erlaubt, es zu sehen?

Öffnen wir seine Akte. Wer war er? Welche Informationen stehen uns über sein Leben und Werk zur Verfügung? Wir wissen, daß er ein Priester war, viel umherreiste, viel redete und die Sprache gleichermaßen verwirrend wie bezaubernd beherrschte... Was wissen wir noch? Wir kennen seine Angewohnheiten, seinen Lebensstil, seinen bemerkenswerten Mut – oder war es Naivität? –, ständig Wiederholungen zu verwenden. Beispiele? Der Ausdruck »Menschensohn« erscheint einhundertmal; »*Adoschem, adoschem* – Herr, Herr« erscheint zweihundertmal; »*Wajad'u ki ani adoschem* – Und sie sollen erkennen, daß ich der Herr bin« fünfzigmal; »*Gilulim* – Götzendienst« nur neununddreißigmal. Ezechiels Nationalität? War er ein palästinischer Prophet, von Gott nach Babylon gesandt? War er babylonischer Immigrant aus Palästina, der nach Palästina zurückkehrte? Einige Quellen sagen, er war das eine oder das andere, einige Texte behaupten er war beides – oder keines von beiden.

Vom biblischen Text selbst erfahren wir, daß er zusammen mit seinem König und des Königs Hofstaat nach Babylon verbannt worden war. Wir kennen den genauen Ort, wo er lebte: Tel-Aviv am Fluß Kebar.

Babylonische Quellen berichten, daß Tel-Aviv, oder Tel-Abib, auf die Ruinen vor der Zeit der Großen Flut zurückginge. In der jüdischen Literatur kommt der Name besser weg. Es wird erzählt, daß Tel-Aviv in uralten Zeiten die größte jüdische Stadt der Diaspora war. Seine Bevölkerung: zehntausend Seelen. Sie sprachen hebräisch, waren ein blühendes Volk und überall gut angesehen. Auch wird berichtet, daß sie das jüdische Gesetz hielten.

Ein Midrasch erzählt uns von einem gewissen Hananja ben Menachem, einem Vogelzüchter, der zu Hause in Jerusalem zweihundertsiebenundsiebzig verschiedene Vogelarten züchtete. Er war so berühmt, daß ihn der Eroberer Nebukadnezzar persönlich kennenlernen wollte, wahrscheinlich um ihm einen Job anzubieten. Er entsandte einen Boten nach Tel-Aviv, aber Hananja weigerte sich, mit ihm mit zu gehen. Er sagte zu ihm: »Du hast vergessen, daß heute Sabbat ist. Ich reise nicht am Sabbat.« Statt dessen reiste er einen Tag später nach Babylon, und der König bot ihm eine herrliche Wohnung nahe oder in dem Palast an, um Züchter der königlichen Vögel zu sein.

Was Ezechiel betrifft, so wissen wir, daß er seine Prophetie sechs oder sieben Jahre vor Jerusalems endgültiger Tragödie begann und darüber hinaus zwölf oder fünfzehn Jahre lang Prophet blieb. War er verheiratet? Ja. Seine Frau starb an der Pest; in ihrem Tod sah er eine Ankündigung der Zerstörung Jerusalems. Er war so betroffen, daß er für eine gewissen Zeit sein Sprachvermögen verlor und an Aphasie litt.

Hatte er Brüder? Freunde? Verbündete? Er hatte Feinde – so viel ist sicher. Wie die meisten Propheten provozierte er Ärger und Feindseligkeiten. Einige seiner Gegner machten ihn lächerlich indem sie sagten: »Wer ist er überhaupt, um so zu sprechen? Ist er nicht ein Nachfahre der Frau mit schlechtem Ruf, ihr wißt schon, Rahab, die Hure, die Jericho berühmt gemacht hat?« Wie Jeremia benutzte er Pantomimenspiel, um seine Ansichten – und seine Ängste – zu verbreiten. Als er das Volk von Gilgal vor der kommenden Verbannung warnte, lief er mit einem Rucksack durch die Straßen, um den Leuten zu sagen, daß auch sie bald Wanderer sein werden. In der Dämmerung schlug er ein Loch in die Wand und kroch hindurch in die Dunkelheit – wie ein Flüchtling, ein Heimatloser. Wie Jeremia muß er gespürt haben, daß er nicht im Heiligen Land sterben werde. Jeremia wurde in Ägypten begraben, Ezechiel in Babylon. Die Juden im Irak glaubten zu wissen, wo sein Grab liegt, wallfahrteten dorthin und beteten, er möge für sie Fürsprecher sein.

Ja, Ezechiel hatte im Laufe seines Lebens viel Leid und viele Qualen zu erdulden. Kein Wunder, daß Gott es für nötig hielt, ihn wiederholt zu ermutigen und zu trösten; er sagte ihm, er solle sich keine Sorgen machen, seinen Kritikern keine Beachtung schenken, sich von ihrem Spott nicht kränken lassen; er solle seine Stimme erheben, selbst wenn seine Worte auf taube Ohren treffen, selbst wenn seine Mission keine unmittelbaren Erfolge mit sich brächte.

Als Prophet hatte er nicht die Freiheit zwischen Reden oder Schweigen zu wählen; ihm wurde gesagt, wann er sich zu zeigen hatte und wann er unsichtbar bleiben solle. Aus dem biblischen Buch erfahren wir die Anweisungen, die Gott für Ezechiel vorbereitet hatte. Ihm wurde befohlen, sich sieben Tage lang unter Hausarrest zu stellen. Allein? Ja, als Sinnbild für die Einsamkeit. Die Wirkung auf ihn ist offensichtlich: Er wird hart, fordernd, unnachgiebig, menschenscheu.

Gelegentlich wird er angewiesen, sich »stumm« zu stellen, oder sich provozierend zu gebärden. Er soll ein Beispiel dafür geben, wie Jerusalem unter der Belagerung aussehen würde; wie immer ist er erstaunlich genau. Die Hallen, die Tore, das Licht, der Duft, die Geräusche, die Stimmung: Bis ins Kleinste beschreibt er die Bestrafung der Heiligen Stadt, den Hunger in ihr, den Schmerz, ihren widerlichen Zerfall. Bewegungslos legt er sich nieder, um die Starre einer Gesellschaft zu illustrieren, die sich im Krieg befindet. Um die unreine Nahrung, die die Menschen in der Gefangenschaft essen werden, zu symbolisieren, bereitet er einen Kuchen aus Exkrementen. Er schert sich den Kopf und läßt seine Harre vom Wind zerstreuen, um das Schicksal seiner widerspenstigen jüdischen Brüder zu versinnbildlichen.

Natürlich wurde Ezechiel ein hervorragendes Objekt für Psychoanalytiker. Einige der Experten bezeichneten ihn als »psychotisch«, andere beließen es bei »pathologisch«. Ein Analytiker glaubt herausgefunden zu haben, daß unser Prophet unter »katatonischen Perioden« zu leiden hatte, die aus seinen »paranoiden« Neigungen resultierten. Wollen Sie noch mehr hören? Hier einige weiteren Diagnosen:

»narzistisch-masochistische Konflikte... Kastrationsphantasien... unbewußte sexuelle Regression.... Schizophrenie... Verfolgungswahn, Größenwahn...«

Seine Predigten haben die Qualität und die Dringlichkeit von Augenzeugenberichten. Er erzählt uns, was in Gottes bevorzugter Wohnstätte vor sich geht, indem er jeder Kleinigkeit Beachtung schenkt: In Kürze, alles erinnert ihn an Sodom, dessen Schlüsselwort *Toewa* lautet, Abscheulichkeit, die physische und moralische Hurerei, soziale Dekadenz, intellektuelle Verkümmerung. Man könnte eine vollständige Enzyklopädie der Sünde erstellen, nur indem man Ezechiels Vokabular verwendet. Besonders streng geht er mit den Anführern ins Gericht; wir erfahren genau, was sie sagen, denken, tun, was sie innerhalb und außerhalb des Heiligtums aushecken. Gibt es keine guten Menschen im ganzen Land? Keinen Gerechten? Er spricht von den Ältesten, die sich vor Verzweiflung fragen, ob Gott nicht sein Volk ganz und gar verlassen habe...

Ich zitiere: »Und die Herrlichkeit Gottes sprach zu mir: Menschensohn, blicke auf und siehe, was sie anrichten in meinem Haus... Siehst du die widerlichen Abscheulichkeiten? Sieh hin, und du wirst noch weit größere entdecken.«

Die alten Anführer und Priester beten nun Götzen an. Man höre auf die Sprache: »Menschensohn, hast du gesehen, was die Alten des Hauses Israel im Dunkeln verrichten, oder in der verborgenen Kammer ihrer Phantasie? Sie sprechen zu sich: Alles ist erlaubt, denn Gott kann uns nicht sehen. Er hat sein Land im Stich gelassen, er ließ seine Bewohner allein zurück.«

Aber das ist nicht alles, spricht Gott zu dem Propheten. Sieh, und du wirst noch Schlimmeres entdecken. »Dann führte er mich zum Tor des Tempels, und siehe, dort saßen Frauen, die um den Götzen Tammus weinten...« Warte, spricht Gott zu Ezechiel, es gibt gar noch Schlimmeres. »Und er führte mich zum Innenhof des Hauses, und zwischen Vorhalle und Altar erblickte ich fünfundzwanzig Männer; sie beteten, mit dem Rücken zum Tempel, die Sonne an.«

Dann verwendet Gott einen Ausdruck, der Ezechiel – und uns – an Noah und die Große Flut erinnert: »*Ki malu et haarez chamas* – Sie übersäten das Land mit Gewalt.« Das war das Schlimmste. So lange die Menschen den Himmel beleidigten, war Gott, trotz seines Zorns, bereit zu warten. Aber als sie aufhörten, menschlich zueinander zu sein, mußte Er eingreifen – und sie bestrafen.

Wenige Propheten hatten je mit solcher Verzweiflung gesprochen. Den Einwohnern von Jerusalem sagt er, sie werden besiegt werden. Den Menschen in Babylon sagt er, ihre Erlösung ist fern. Natürlich betont er wie die meisten Propheten den Kreislauf von Sünde, Strafe und Erlösung – die Erlösung aber ist, wie er sagt, weit, weit entfernt. Die Rettung scheint unwahrscheinlich, wenn nicht unmöglich. Er geht so weit, daß man sich fragen darf: Warum betont der Prophet mit solcher Leidenschaft die jüdischen Schwächen und Fehltritte? Hat er Gefallen daran, Juden zu beschämen? Ein Grund dafür: Er wußte von der heraufziehenden Katastrophe und wollte dem jüdischen Volk eine Erklärung liefern; er wollte sie vor der Absurdität bewahren. Besser, sie glauben, ihr Elend ist Strafe, als willkürliche Grausamkeit. Jedwede Antwort ist besser als keine Antwort.

Der Prophet kennt die Zukunft, weil er die Gegenwart im Auge hat. Keine Sünde bleibt ungestraft. Kollektive Verderbtheit muß in kollektives Leiden münden. Wenn seine Beschreibung richtig ist, wenn der Ekel, der wirkliche und der spirituelle, die Stimmung der Erzählung dominiert, dann ist die Katastrophe unvermeidlich. Nicht sofort; später, viel später. Wie bei Jeremias wird es zwei Jahrzehnte dauern bis sich Ezechiels Vorhersagen erfüllen. Dann aber wird die Geschichte selbst erschüttert.

Die Frage taucht auf: War Israel wirklich so schlecht, wirklich so sündhaft?

Obwohl Judäa ein Vasallenstaat Babylons war, genoß es innere Freiheit. Nach einer kurzen Herrschaft von einigen hundert Tagen wurde König Jojachim und sein Gefolge zusammen mit einigen Tausend gut ausgebildeter Facharbeiter nach Babylon verschleppt. Sie ließen einen soeben ernannten König, einen Schwächling namens Zidkijahu (oder Zedekija), zurück. Auf Druck Ägyptens und Phöniziens rebellierte Zedekija gegen Babylon; er gab schließlich seine Position bequemlicher Neutralität auf und erlaubte seinen militärischen Beratern, die Nation in den Krieg zu führen. Darauf sandte der feindliche Feldherr Nebukadnezzar seine Armee, und so begann die Belagerung Jerusalems.

Innerhalb des Landes war die Moral schwach. Der Feind war stark, und die Juden waren verzweifelt. Sie konnten Gottes Wege nicht verstehen: Warum hatte Er Sein Volk verlassen, das unter König Joschija so viel Charakter- und Glaubensstärke bewiesen hatte; damals hatten sie Götzendienst und Sünde verworfen, indem sie wie selten in der Geschichte auf beeindruckende Weise ihre Reue gezeigt hatten. Die Verzweiflung führte zu geistigem Niedergang. Da Gott ungerecht schien, warum sollten dann die Menschen gerecht sein?

Die geistigen Führer Judäas, die vier Propheten Jeremia, Urija, Sohn des Schemaija, Habakuk und Ezechiel, versuchten alles, die geistige Verfassung des Volkes zu ändern. Urija wurde enthauptet, Jeremia ins Gefängnis geworfen, Ezechiel verfolgt und gedemütigt.

Dennoch, in der Welt der Heiden blüht die Kultur auf. Athen erbaut die Akropolis und verehrt einen Philosophen namens Tales von Milet, Aesops Fabeln, Aeschylus' Dramen und das Orakel in Delphi. Die Chinesen erfreuen sich der Weisheit von Lao-tse. Die Mayas bauen ihre Tempel in Mexiko. Die Weltgeschichte schreitet in Schüben voran; die verschiedenen Herrscher bleiben stets unzufrieden mit dem, was sie besitzen, streben ohne Unterlaß danach, ihr Reich zu vergrößern.

Irgendwie ist Judäa immer gefangen im Mittelpunkt ihrer politischen und strategischen Pläne. Ägypten ist mit Babylon verfeindet – beide brauchen sie Judäa. Sonderbar: Alle Weltreiche aller Zeiten scheinen Judäa zu brauchen. Und schließlich gingen sie alle unter – mit der Ausnahme von Judäa. Die Chaldäer, die Assyrer, die Phönizier, die Perser, die Ägypter, die Römer – sie alle mußten sich aus Judäa zurückziehen. Judäa allein blieb in Judäa.

Die meisten Propheten hielten es für nötig, sich neben Judäa auch an die anderen Nationen zu wenden. Gleich wie Jeremia als *Nabi lagojim*, als Propheten der Heidenvölker, bezeichnet wurde, könnte man Ezechiel den Propheten der Feinde Israels nennen. Denn er sagte nicht nur die Zerstörung Israels voraus, er prophezeite auch das Schicksal von Tyrus und Ägypten. Auf diese Weise drückte er wieder und wieder aus, daß Leiden ansteckend ist – ebenso wie das Böse selbst. Wenn ein Volk gedemütigt wird, sind andere dazu bestimmt zu folgen. Und unweigerlich wird der Zerstörer zerstört werden, und der, der andere zum Opfer macht, wird Opfer eines Dritten.

Reicht dies aus, die Opfer zu trösten? Ich glaube es nicht. Aus diesem Grunde hat Ezechiel seine Vision von den vertrockneten Gebeinen entworfen. In der jüdischen Tradition darf man sich nicht am Untergang des Feindes erfreuen. Die Strafe für den Feind bietet dem Opfer keinen Trost. Die Rehabilitation des Opfers, sein Sieg, seine Rettung darf nicht mit dem Leiden eines anderen Volkes erkauft werden. Das Thema, die Botschaft, nennen wir es den Zweck der Predigten Ezechiels, ist nicht Sieg, sondern Reue. Wenn der Sünder bereut, wird er leben; tut er es nicht, wird er sterben.

Gerade im Buch Ezechiel finden wir den eindrücklichen Vers: » *Waomar lach bedamajich chaji, waomar lach bedamajich chaji* – Und ich werde dir sagen: Du wirst leben in deinem Blut, in deinem Blut wirst du leben.« In *deinem* Blut, nicht in dem deines Feindes.

In einem Fall legt Gott das Schicksal des Sünders auf die Schultern des Propheten: Er hat die Verantwortung, ihn zu retten. Ist die Last zu schwer? Mag sein. Darum geht Gott einen Kompromiß ein: Deine Aufgabe ist es, sagt Er, es zu versuchen. Rede zu dem Sünder, belehre ihn, schelte ihn, warne ihn. Wenn er sich weigert, gerettet zu werden, dann hast du wenigstens dich selbst gerettet.

Hatte Ezechiel Erfolg? Er versuchte es, er versuchte alles. Da er Gottes Befehl buchstäblich befolgte, ging er so weit, übernatürliche Dinge zu tun. Während er in Babylon weilte, »flog« er hin und her nach Jerusalem, nahm den himmlischen Thronwagen in Augenschein, beschrieb Ereignisse, die in der Zukunft verborgen liegen, und unterwarf sich Demütigung und Spott, ohne über seine eigene Tortur zu klagen.

Betritt der Prophet persönlich die Bühne, sind wir bewegt. Jeremia sprach über Gefangene, Ezechiel bezog sich auf Flüchtlinge – und wurde selbst einer von ihnen. Von jedermann wurde er beargwöhnt, man mißgönnte ihm, auf der Seite Gottes zu stehen, zuviel zu wissen, gegen falsche Propheten und billigen Trost zu protestieren. Was immer er für andere voraussah, unweigerlich traf es auch für ihn selbst ein.

Und trotzdem – man kann ein gewisses Zögern spüren, eine gewisse Zurückhaltung, selbst Kälte ihm gegenüber, nicht nur seitens seiner Zeitgenossen, sondern auch seitens späterer Generationen. Selbst in talmudischer Literatur wird er behandelt wie ... ein Flüchtling.

Sein Buch ist das einzige der Propheten, das um ein Haar der Zensur zum Opfer gefallen wäre. Eine Zeitlang war das Buch Ezechiel in Gefahr, nicht publiziert zu werden. Warum kam es zu solch einer Diskriminierung? Wegen seiner erbarmungslosen Kritik an seinem Volk? Nein. Andere waren ebenso unverhohlen und kühn. Warum also? Einige talmudische Gelehrte beteuern, es gäbe Passagen im Buch Ezechiel, die im Konflikt mit der Tora stünden. Andere machen ihm den Vorwurf, sich mit verbotenen mystischen Themen eingelassen zu haben. Zum Beispiel: »Es geschah, daß im Hause eines Lehrers ein jüdisches Kind das Buch Ezechiel öffnete und begann, die Geschichte vom Feuer und dem himmlischen Wagen zu lesen. Plötzlich brach ein Feuer aus dem Feuer und verbrannte das Kind. So sahen sich die Weisen genötigt, das Buch Ezechiel insgesamt zu unterdrücken.«

Einige Kritiker mißbilligen Ezechiels Offenheit. Sie würden es vorziehen, wenn er sich etwas bedeckter gehalten hätte. Im Blick auf die Sünden Jerusalems? Nein, im Blick auf die himmlischen Geheimnisse. Er hatte Visionen? Gut für ihn, aber warum vertraut er sie anderen an? Er sah den himmlischen Thronwagen und dessen sonderbare Kreaturen? Warum mußte er damit herausplatzen? Warum hat er seine Impressionen nicht in seiner Erinnerung bewahrt – für später? Die Tatsache, daß Ezechiel seine Geschichte nicht für sich behalten konnte – und was für eine Geschichte! – beeinträchtigte sein Bild in diversen talmudischen Kreisen.

Ein Kommentator witzelt: »Beim Durchzug durch das Rote Meer sah jedes Hausmädchen mehr als das, was Ezechiel später gesehen hatte.«

Ein Vergleich zwischen Ezechiel und einem Hausmädchen? Nun, darüber hätte der Prophet lediglich mit den Achseln gezuckt. Aber andere Kommentatoren brachten ernsthaftere Einwände hervor. Raba sagte: »Alles, was Ezechiel sah, hatte Jesaja längst gesehen. Und dennoch gibt es einen Unterschied zwischen ihren Persönlichkeiten. Ezechiel könnte mit einem Mann vom Dorfe verglichen werden, der zufällig in die Stadt kommt und den König sieht; Jesaja gleicht einem Städter, der den König ständig sieht, selbst in seinem Palast, und deshalb nicht von dem übersteigerten Wunsch besessen ist, davon zu berichten.«

Was aus diesen Geschichten klar hervorgeht, sind die Vorbehalte, die einige gegen Ezechiel hegen, weil er seine Visionen offenkundig gemacht hat. Aber ist er nicht ein Prophet? Hat der Prophet nicht die Pflicht, nichts für sich zu behalten? Ist er nicht ein Werkzeug der Verständigung zwischen Gott und der Menschheit? Sicher, in seinem Leben bleibt nichts privat. Alles, was er hat, alles, was er ist, gehört sowohl zu Gott als auch zu Seinem Volk. Seine Ängste und Hoffnungen, seine Freuden und Traurigkeiten, seine Momente der Verwirrung und seine Momente des Ekstase: Sie gehören nicht ihm allein. Ein Prophet darf kein Ego haben, kein individuelles Gedächtnis. Hört er eine Stimme, muß er ihr Echo sein. Hat er Visionen, muß er sie mit anderen teilen – richtig? Ja und nein. Ja, was die Stimmen betrifft. Wenn Gott spricht, muß der Prophet Sein Sprachrohr sein. Aber Visionen – das ist etwas anderes. Gott spricht selten: Sag' den Menschen, was du siehst; aber Er sagt oft: Sag' ihnen, was du hörst.

Warum dann ging Ezechiel über seine Mission hinaus? Man bedenke, daß es von seiner Seite aus kein Fehltritt war. Gott hatte ihm *nicht* gesagt, seine Visionen zu verheimlichen. Warum also war sein Buch der Gefahr ausgesetzt? Der Talmud schreibt: »Wir müssen den guten Hananja ben Izkija in Ehren halten, denn hätte er nicht eingegriffen, hätte man das Buch Ezechiel verworfen.«

Wer war dieser Hananja ben Izkija, der so tapfer für die Meinungsfreiheit kämpfte? In seinem Haus geschah es, daß die schärfsten Konflikte ausgetragen und beigelegt wurden. Das Achtzehn-Punkte-Programm, das eigens angenommen wurde, als die Schüler Schammais jene Hillels überstimmten, wurde in seiner Mansarde diskutiert. Ohne Zweifel war er ein Mann für unmögliche Aufgaben. Als einige seiner Kollegen in aller Offenheit beklagten, es fänden sich im Buch Ezechiel Passagen, die der Tora widersprächen, bestellte er genug Nahrung und Kerzen auf seinen Dachboden, um dort gemeinsam zu verweilen, bis alle Diskrepanzen ausgeräumt waren – und sie wurden ausgeräumt. Charakteristischerweise wird nicht berichtet, wie es dem Gelehrten gelang, die Gegensätze zu versöhnen.

In der Tora beispielsweise ist im Namen Mose klar und deutlich zum Ausdruck gebracht, daß »Haschem poked avon avot al banim – daß Gott die Missetat der Väter unter seinen Kindern und Kindeskindern heimsucht.« Aber, sagt Raw Josse ben Hanina, Ezechiel macht schamlos Front gegen Moses Auffassung, indem er schlicht erklärt: »Siehe, alle Seelen sind mein, spricht der Herr, die Seele des Vaters gleich wie die Seele des Sohnes und dessen Sohnes. Nur die Seele des Sünders wird sterben.« Moses spricht von Erbschuld, Ezechiel betont die Verantwortung des Einzelnen. An anderer Stelle, in anderem Zusammenhang, finden wir im Talmud, nicht ohne ein Maß an Verzweiflung: »*Dabar tse mitorat Mosche lo lamadnu* – Dies haben wir nicht von Moses gelernt«... sondern von Ezechiel, dem Sohn Busis, dem Priester.

Zusammengefaßt: Man spürt, daß Ezechiel nicht nur seine Zeitgenossen sondern auch deren gelehrte Nachfahren in Verwirrung stürzte. Aus der Tatsache, daß sein Buch fast der Zensur zum Opfer gefallen wäre, können wir schließen, daß unsere Weisen auch mit dem Autor ihre Probleme hatten. Seine Interpretation von Moses Gesetz ist nur eine Facette des Problems. Es muß noch weitere geben. In der Literatur des Midrasch finden sich verstreute Andeutungen, wobei alle auf die Unterschiede zwischen Ezechiel und seinen Kollegen hinweisen. Es werden Anstrengungen unternommen, die seltsamen Kommentare, die es über ihn gibt, zu erklären, aber einige Rätsel bleiben ungelöst »*ad bo Elijahu*«, bis zu der Zeit, in der Elija kommen wird, um alle Gegensätze zu versöhnen und alle Geheimnisse aufzuklären.

Talmudische Gelehrte hatten Probleme mit Ezechiel, der selbst offensichtlich Probleme mit Gott hatte. Zum einen war er neidisch. Auf wen? Auf die anderen Propheten. Einmal schrie er auf: »Herr des Universums, bin ich denn nicht ein Priester? Bin ich denn nicht ein Prophet? Warum durfte Jesaja in Jerusalem für dich sprechen, während ich das gleiche hier in der Verbannung machen muß?«

Aber schließlich hatte auch Gott Seine Probleme mit ihm. Als Gott seinen Propheten fragte: »*Hatihjena haazamot hajeveschot haelu* – Werden diese trockenen Gebeine wieder lebendig werden?«, hielt er kurze Zeit inne, offensichtlich um auf eine Antwort zu warten, doch als sie kam, blieb sie ausweichend. Statt zu schreien: »Ja, sie werden, sie müssen wieder lebendig werden, denn wir und sie brauchen Deine Wundertat«, verhielt sich Ezechiel wie ein Politiker; er nahm eine unverbindliche Haltung ein. Er war zu skeptisch.

Aus diesem Grunde, so der Talmud, war Ezechiel dazu verurteilt, nicht im Heiligen Land sondern in Babylon sterben.

Eine weitere Legende ist noch beunruhigender. Eines Tages erließ König Nebukadnezzar den Befehl, daß all seine Untertanen in allen Ländern seiner Herrschaft einen seiner Götzen anbeten müssen; tun sie es nicht, werden sie mit dem Tod bestraft. Aus jeder Nation wurden drei Vertreter bestellt, die im Namen ihres Volkes handeln sollten. Hananja, Mischael und Azarja standen für Israel. Sie baten ihren Lehrer Daniel um Rat. In seiner Demut sandte sie Daniel zu Ezechiel, der sie anflehte, nicht das Martyrium zu wählen, sondern stattdessen zu fliehen. Sie mißachteten seinen Vorschlag und sagten, sie wollten sterben für *Kidusch Haschem*, die Heiligung des Namens Gottes. Dennoch, Ezechiel versuchte hartnäckig, sie davon abzubringen, zu Märtyrern zu werden. Als sie immer noch nicht auf seine Worte hörten, machte er einen neuen Vorschlag: Sie sollten mit ihrer Entscheidung noch warten, bis er ein Wort Gottes erhalten hätte, daß Er ihr Leben durch ein Wunder retten würde. Gottes Antwort war nein. Dennoch, die drei Gerechten weigerten sich zu fliehen – oder sich dem Willen des Königs zu beugen. Als Ezechiel aus Verzweiflung in Tränen ausbrach, schenkte ihm Gott Trost und sagte: Mach' dir keine Sorgen, sie werden gerettet, ich werde sie vor dem brennenden Ofen retten. Warum konnte er ihm dies nicht vorher sagen? Nur, um ihren Glauben und ihr Martyrium noch großartiger erscheinen zu lassen?

Gut für sie, aber was ist mit Ezechiel? Seine Rolle in dem Drama ist weniger zu beneiden als ihre. Er wurde zum schwächlichen und ängstlichen Typen gestempelt. Anstelle die drei Märtyrer zu stärken, will er, daß sie davonlaufen.

Talmudische Weise jedoch wissen, wie sie ein Gegengewicht zu seiner Zurückhaltung schaffen können, nämlich indem sie die höheren Fähigkeiten des Propheten rühmen. Wie? Er hat dazu beigetragen, den drei Männern das Leben zu retten. Hananja, Mischael und Azarja sollten in dem Moment im babylonischen Feuerofen sterben, als Ezechiel sein Wunder der Auferstehung der trockenen Gebeine geschehen lies. Das Wunder schloß mehr als die direkt Betroffenen mit ein. Auch frühere Märtyrer wurden auferweckt und wurden wieder Teil der lebendigen Gemeinschaft Israels. Wissen Sie, wie Nebukadnezzar von Ezechiels Wunder erfahren hat? »Er besaß ein Trinkgefäß, angefertigt aus Knochen erschlagener Juden. Er wollte es gerade benutzen und Wein daraus trinken, als sich Leben darin rührte; einer der Knochen schlug dem König ins Gesicht und eine Stimme war zu hören: ›In diesem Augenblick weckt ein Freund dieses Mannes die Toten wieder auf.‹«

Hatte er es wirklich getan? Wie immer gehen die talmudischen Meinungen auseinander. Einige sagen, ja, er tat es; einige gehen so weit, die Auferweckten zu identifizieren, wenn nicht namentlich, so doch durch Herkunft und Zugehörigkeit. Zum Beispiel sollen jene Juden darunter gewesen sein, die aus Ungeduld aus Ägypten flohen, noch bevor Moses sein Volk in die Freiheit führte. Oder jene, die – ironischerweise – nicht an die *Techiat-hametim*, die Auferstehung, glaubten. Oder die jungen Judäer, die von Nebukadnezzar in Gefangenschaft genommen wurden und deren Schönheit die babylonischen Frauen halb verrückt machte: Auf Druck ihrer Männer befahl der König schließlich, die jungen Juden zu töten. Nun machte Ezechiel sie wieder lebendig.

All diese Möglichkeiten wurden in einer hitzigen Debatte in einer der Talmudschulen erörtert, denn einige Skeptiker hatten in aller Öffentlichkeit zu behaupten gewagt, daß ihrer Meinung nach die ganze Geschichte der berühmten trockenen Gebeine nichts als ein Hirngespinst biblischer Phantasie darstelle – oder, um ihre Worte zu verwenden, Maschal haja, nichts als eine Parabel.

Tatsächlich handelte die Debatte von größeren, allgemeineren Themen: Was geschieht mit den *Zaddikim*, den Gerechten, auf lange Sicht? Würden sie wieder sterben, wenn sie das Paradies erreicht hatten? Natürlich gibt es auch hierzu die verschiedensten Auffassungen. Einige sagen ja, sie werden wieder sterben, aber ihr Tod wir schmerzfrei sein. Man zitierte die Szene mit den trockenen Gebeinen: Jene Menschen, die Ezechiel ins Leben zurück gebracht hatte, starben sofort wieder, aber sie mußten nicht leiden. An diesem Punkt stand jemand auf und schrie: »Was für ein Unsinn! Die Geschichte ist frei erfunden...«, und so ging die Debatte weiter. Rabbi Elieser sagte: »Die Toten, die von Ezechiel auferweckt wurden, standen auf, priesen den Herrn und starben.« Jemand wollte die Art, den Text des Lobpreises wissen. Darauf Rabbi Jehoschua: Sie sangen »*Adoschem memit umechaije* – Der Herr läßt die Menschen sterben und wieder lebendig werden«, der Herr stürzt sie in die Tiefe des Abgrunds und hebt sie wieder empor. Danach warf ein anderer Weiser eine kurze, eindringliche Bemerkung ein: All dies emet maschal haja, all dies sei eine wahre Parabel. Rabbi Nehemia schnauzte zurück: Wirklich? Wie sollte dies möglich sein? Wenn es wahr ist, ist es keine Parabel; ist es eine Parabel, dann ist es nicht wahr. Die Antwort? »*Beemet maschal haja* – es ist wahrlich eine Parabel.« Könnte man sagen, daß die Debatte damit ihre logischen – oder unlogischen – Möglichkeiten ausgeschöpft hatte? Das geschieht selten im Talmud. Kaum hatte Rabbi Nehemia seine linguistischen Beiträge abgegeben, verschaffte Rabbi Elieser, Sohn des Josse des Galiläers, seiner Meinung Luft:

Er war gegen die Ansicht, die Toten seien nur auferweckt worden, um sofort wieder zu sterben. Oh nein, sagte er. Sie vollzogen die *Alija*, den Aufstieg, in das Land Israel, sie heirateten und hatten Kinder. Ein verwegener Gedanke? Rabbi Jehuda ben B'teira war noch verwegener: Richtig, sagte er. Sie vollzogen die *Alija*, und ich bin ihr Nachkomme. Die *Tephillin*, die Gebetsriemen, die ich trage, habe ich von meinem Großvater geerbt, der einer von ihnen gewesen ist.

Offensichtlich hat sie die Episode in erstaunlichem Maße beschäftigt. Sie wollten ihre Bedeutung mit all ihren Implikationen verstehen, ebenso den Platz, den sie im Leben Ezechiels und im Leben unseres Volkes einnimmt.

Die Geschichte nämlich ist kräftig und bildreich erzählt; sie ist eine der herausragendsten Passagen prophetischer Literatur – wohl ohnegleichen aufgrund ihrer eigenartigen Mischung aus poetischem Realismus und mystischer Inspiration.

Man mache sich die Gegebenheiten bewußt: Der Ort, an dem König Zidkijahu (oder Zedekija) zum letzten Mal Widerstand gegen die babylonische Armee leistete. Die Ebene, übersät mit den verstümmelten Körpern gefallener jüdischer Krieger. Genau dort, inmitten äußerster Grausamkeit, Verzweiflung und Trauer, hat Ezechiel seine phantastische und atemberaubende Vision:

> *Und die Hand des Herrn kam über mich, und der Herr brachte mich im Geist hinaus und ließ mich nieder inmitten der Ebene. Sie war voll von Gebeinen. Er führte mich ringsum an ihnen vorüber, und siehe, es waren sehr viele über die Ebene verstreut; und siehe, sie waren ganz ausgetrocknet. Er aber sprach zu mir: »Menschensohn, können diese Gebeine wieder lebendig werden?« Ich antwortete: »Mein Herr und Gott, Du selber weißt.« Dann sprach er zu mir: »Sprich als Prophet über diese Gebeine, und sag zu ihnen: Ihr vertrockneten Gebeine, hört das*

Wort des Herrn! So spricht Gott, der Herr, zu diesen Gebeinen. Siehe, ich selbst bringe Geist in euch, dann werdet ihr lebendig. Ich spanne Sehnen über euch und umgebe euch mit Fleisch; ich überziehe euch mit Fleisch und bringe Geist in euch, dann werdet ihr lebendig; und ihr werdet erkennen, daß ich der Herr bin.« Da sprach ich als Prophet wie mir geboten war; und als ich prophetisch redete, geschah auf einmal ein Rauschen, und siehe, Erschütterung, und die Gebeine rückten zusammen, Gebein an Gebein. Und als ich hinsah, siehe, da waren plötzlich Sehnen auf ihnen, und Fleisch umgab sie, und Haut überzog sie; aber kein Geist war in ihnen. Da sprach er zu mir: »Rede als Prophet zum Geist, rede, Menschensohn, sag zum Geist: So spricht Gott, der Herr: Komm aus den vier Winden, oh Geist, und hauch diese Erschlagenen an, damit sie lebendig werden.« Da sprach ich prophetisch, wie er mir geboten hatte, und es kam Geist in sie, und sie wurden lebendig und standen auf ihre Beine, eine gewaltig große Menge. Dann sprach er zu mir: »Menschensohn, diese Gebeine sind das ganze Haus Israel. Siehe, sie sagen: Ausgetrocknet sind unsere Gebeine, unsere Hoffnung ist untergegangen, abgeschnitten sind wir. Deshalb, sprich als Prophet und sag zu ihnen: Siehe, ich öffne eure Gräber und hole euch aus euren Gräbern herauf, mein Volk; und ich bringe euch in euer Land Israel und ihr werdet erkennen, daß ich der Herr bin, wenn ich eure Gräber öffne und euch aus euren Gräbern heraufhole, oh mein Volk. Und ich lege meinen Geist in euch, und ihr werdet leben, und ich bringe euch in euer Land; und ihr werdet erkennen, daß ich, der Herr, gesprochen habe und es ausgeführt habe, sprach der Herr.«

Wie alle Propheten eröffnete Ezechiel seine Prophetie mit Vorhersagen der Verdammnis und schloß sie mit Worten des Trostes. Der Mann, der von Gott gesandt war, um zu

Bergen und Tälern, zu Dingen und Menschen zu sprechen und sie vor den kommenden Ereignissen zu warnen, fühlte jetzt die Notwendigkeit, seinem Volk zu versichern, Leiden und Furcht hätten ein Ende. Der Visionär, der voraussah, daß ein Drittel der Bevölkerung Jerusalems des Hungers, ein Drittel durch das Schwert des Feindes sterben wird und ein Drittel in alle Himmelsrichtungen verstreut wird, nahm nun zwei Stöcke in seine Hand und hielt sie zusammen, um seinen Zuhörern zu zeigen, daß beide Teile des Hauses Israel wieder vereint werden würden.

Ja, Ezechiel war in vielerlei Hinsicht ein Prophet wie jeder andere, der Gott diente mit ganzem Herzen und ganzer Seele. Wie alle anderen Propheten sprach er Wahrheit gegen die Macht, wie bei allen war seine einzige Macht die Wahrheit.

Ja, auch er wagte es, für das Wohl seiner Gemeinschaft mit dem Himmel zu streiten. Jeremia erklärt: »*Zaddik ata ki ariw imach* – Ich weiß, du bist gerecht, und doch muß ich einiges verurteilen, was du tust, oder was in deinem Namen getan wird.« Bisweilen, wenn Ezechiel glaubte, die Strafe sei zu hart, fiel er auf seine Knie und rief: »Ist das dein Wille? Den letzten Rest Israels zu vernichten?«

Man beachte: Im Gegensatz zu Jeremia hat er die Massaker nicht gesehen, war nicht Zeuge der Gemetzel. Er hatte die Qualen nur in seiner Vision, in seiner Halluzination erblickt. Dennoch litt er ebenso wie Jeremia. Obwohl er die Tragödie nur aus der Entfernung erlebte, quälte er sich damit als wäre es seine eigene. Seine Visionen waren ihm Realität. Die Zukunft war gegenwärtig. Seine Übertreibungen – sowohl zum Guten als auch zum Schlechten – lieferten den Beweis, daß das Unmögliche möglich ist – überall. Wenn das Wunder der Auferweckung von ihm als wahre Geschichte erzählt wurde – oder als eine Geschichte mit einer ganz bestimmten, unveränderlichen Wahrheit –, so deshalb, weil auch die vorausgehenden Drohreden mit ausdrücklicher Wahrheit gesprochen wurden. Wenn die Kinder Israels so sehr sündigen konnten, konnten sie mit so großen Wundern gerettet werden. Einem Übermaß an Sünde muß ein Übermaß an göttlicher Rettung entgegengesetzt werden. An diesem Punkt widerspricht Ezechiel Jeremia, der an Reue glaubte, die schließlich Erlösung hervorbringen würde. Ezechiel glaubte an Erlösung, die aus Reue hervorgehen kann. Die Juden würden erlöst, nicht weil sie es verdient hätten, sondern weil Gott sich entschied, gnädig zu sein. Darum betonte er so nachdrücklich die Sünden Israels. Er gab bekannt, daß spätere Generationen niemals mehr ihre Hoffnung aufgeben müßten. Sie würden gerettet, auch wenn sie aufgrund ihre Sünden der Erlösung nicht würdig waren. Mit anderen Worten, er zeichnete die Gesellschaft aus einem bestimmten Grund mit derlei haarsträubenden Worten: Zukünftige Generationen seien darum in der Lage zu denken: »Wir können niemals so schuldig sein wie *seine* Zeitgenossen; deshalb haben wir Grund zur Hoffnung.« Die Generationen *nach* der des Ezechiel konnten nur besser werden.

Kommen wir zum Schluß zu unserer Ausgangsfrage zurück. Warum zögert der Talmud in Blick auf Ezechiel, warum hat er Vorbehalten gegen ihn?

War es nur wegen seiner harten Worte gegen sein Volk? Waren sie zu hart? Oder wegen seiner schnellen Stimmungswechsel? Waren sie zu schnell, zu abrupt, ohne jeglichen Übergang? Oder war es, weil er nur zögerlich die Worte Gottes glaubte, daß Wunder möglich seien, selbst solche, die die Grenzen zwischen Leben und Tod zum Verschwinden bringen?

Es ist gut denkbar, daß all diese Elemente mit hineinspielten. Ezechiel *war* ein Mann der Extreme. In all seinen Voraussagen ging er weiter als seinesgleichen. Aber was ihn völlig verschieden, vielleicht einzigartig, machte, ist etwas anderes: In seinem Fall verschmolzen Vision und Wort miteinander, sie wurden eins.

Ein Prophet ist Gottes Sprachrohr. Er hat die Verpflichtung, die Worte, die er vernimmt, seinen Zuhörern weiterzugeben. Er wiederholt, was Gott sagt, weiter nichts. Wenn Gott sagt: »Sei hart«, hat er hart zu sein. Wenn Gott sagt: »Tröste«, muß er trösten. Auf die Stimme kommt es an: das Wort – der Klang – vollständige Sätze – exakte Gedanken – Ideen – Prinzipien – ethische Anweisungen – Erinnerungen und immer wieder Erinnerungen.

Ezechiel war Echo der Worte Gottes. Aber er ging darüber hinaus: Er benutzte seine eigenen. Um detaillierter sprechen zu können, fügte er seine eigenen Worte dem hinzu, was er von Gott gehört hatte. Um freiheraus zu sprechen, sagte er Dinge, die er hätte für sich behalten sollen, Dinge, die mit seinen Visionen zu tun hatten, Dinge, die Teil seiner *Merkaba*-Erfahrungen waren.

Erinnern Sie sich an die Stelle » *Waere* – und ich blickte auf«? Gott war so gnädig, ihm den Wagen und die mystischen Kreaturen zu zeigen. Aber nirgendwo wird gesagt, Gott hätte ihm geboten, anderen von seine Visionen zu erzählen. Dennoch zögerte Ezechiel nicht, *alles* zu offenbaren, was er gesehen hatte. *Dies* war sein Fehler.

Er hatte nicht verstanden, daß es Erfahrungen gibt, die nicht mit Worten übermittelt werden können. Er hatte die Bedeutung des Schweigens, die gelegentliche Notwendigkeit des Schweigens nicht begriffen.

Wir hingegen wissen darum, ebenso viele talmudische Weise, besonders jene, die zur Zeit eines anderen *Churban* lebten, der zweiten Zerstörung des Tempels von Jerusalem.

Sie waren die ersten, die Ezechiels *Merkaba*-Visionen weiter ausschmückten. Rabbi Jochanan ben Zakkai und seine engsten Jünger lehrten und studierten eingehend die Geschichte vom göttlichen Himmelswagen und ihre Lektionen. Es wird gesagt, daß sie dabei stets von einem himmlischen Feuer umgeben waren. Geschah es, um sie zu beschützen oder sie von der Realität fernzuhalten? Sie vor dem Feuer des Sinai zu bewahren oder sie daran zu erinnern? Vielleicht, um sie dem Feuer näher zu bringen, das das Heiligtum jener Zeit verschlang – oder die menschlichen Heiligtümer späterer Zeiten; oder vielleicht, um ihnen die Gefahr vor Augen zu führen, die der Sprache innewohnt, oder um sie zu lehren, daß einige Worte die Macht haben zu brennen und zu verbrennen.

Mit solchen Visionen des Feuers, mit solchen Erinnerungen des Feuers sollten selbst Propheten vorsichtig umgehen und lieber schweigen. Dann wenigstens würden die Menschen erkennen, daß das prophetische Wissen dazu bestimmt ist, verschwiegen zu werden. Was sie gesehen hatten, würde niemals jemand sehen. Was sie wissen, würde nie jemand verstehen.

Ezechiel hätte vorsichtiger sein sollen. Warum war er es nicht? Sicher, er sah sich gerufen zu sprechen, gerufen zu teilen, anderen weiterzugeben, was er von Gott empfangen hatte. Er weigerte sich, seine Visionen, seine Erinnerungen mit ins Grab zu nehmen.

Propheten sind menschlich – darin liegt ihre Größe, ihre Heiligkeit. Je größer eine Person, desto menschlicher ist sie und umgekehrt: verletzlich, schwach, ihren Trieben und Versuchungen unterworfen – allen. Ezechiel war zu intelligent, zu scharfsinnig, zu kenntnisreich, um nicht zu wissen, daß es verboten war, seine Visionen in Worte zu fassen. Aber er war zu sehr engagiert für das Wohlergehen seiner Mitmenschen, um ihnen seine Erfahrung vorzuenthalten. Er hatte einen hohen Preis dafür zu bezahlen? Na und? Als Bote muß er die ganze Botschaft übermitteln, selbst wenn er Teile daraus nur gesehen, nicht gehört hatte.

Die Frage aber lautet: Kann die Botschaft je vollständig weitergegeben werden? Können wir uns von dem Feuer befreien? Können wir je über das Feuer sprechen?

Kommen wir zum Schluß: Alle Ereignisse, alle prophetischen Visionen des Buches Ezechiel sind in einen ordentlichen Zeitplan eingefügt. Vierzehn Daten sind vermerkt, um uns zu helfen, den Sprecher und seine Erzählung einzuordnen – mit einer bemerkenswerten Ausnahme: die Vision

der vertrockneten Gebeine, was bedeutet, daß die Auferstehung ohne Zeitangabe bleibt.

Wir verstehen warum: Diese Vision, diese Verheißung,
diese Hoffnung ist weder an Raum noch an Zeit gebunden.

Diese Vision, dieser Trost wird jeder Generation ge-
währt, denn jede Generation braucht sie – unsere mehr als
je zuvor.

Daniel – kein Prophet

DIESE SCHÖNE UND BEUNRUHIGENDE GESCHICHTE handelt von Kindern, jüdischen Kindern. Ihr Schicksal, gleichzeitig grandios und tragisch, wird uns vertraut vorkommen. Verbannung, Trennung, Leiden, Prüfung, Treue: Sie enthält alles... selbst grimmige Löwen.

Von Anfang an spürt man die Gefahr. Diese jüdischen Kinder wurden aus Judäa, ihrem Heimatland, durch einen mächtigen, erbarmungslosen Feind entwurzelt. Nach Babylon verschleppt mußten sie sich dem Zwangsunterricht in Assimilation unterziehen. So sagt es der Text. Lesen wir ihn: »Und der König befahl Aschpenas, seinem obersten Eunuchen, einige der Kinder Israels von königlicher oder adliger Abkunft herzunehmen; sie sollten junge Buben sein, frei von jedem Fehler, gutaussehend, begabt, wohlerzogen, in aller Weisheit unterrichtet, reich an Kenntnissen und fähig, am königlichen Hof zu dienen; sie sollten in Kultur und Sprache der Chaldäer unterrichtet werden.«

Es scheint, als sei dies üblich gewesen. Der Sieger ergriff sich vornehme Kinder der besiegten Nationen. Im Krieg sind immer die Kinder die Verlierer. Erwachsene bekämpfen sich gegenseitig, und es sind die Kinder, die sterben. Die glücklichen werden deportiert – so wie Daniel und seine drei Freunde Hananja, Mischael und Asarja. Gegen ihren Willen wurden sie zu Babyloniern. Gegen ihren Willen kamen sie an den königlichen Hof. Ohne daß sie es wollten, wurden sie Helden der jüdischen Geschichte. Fern ihrer Familien, fern von ihrem Volk sahen sie sich mit Ereignissen konfrontiert, bei denen das Leben von Königen und ihrer Nationen auf dem Spiel stand. Unglückliche jüdischen Kinder, von der Geschichte hin und her gerissen. Unschuldige jüdische Kinder, die an ihrem Glauben, an ihrer Tradition festhalten. Daniel war der berühmteste unter ihnen – vielleicht weil er der beste Schüler seiner Klasse war. Aber... er war kein Prophet.

Wir wissen dies aus dem folgenden. Wir erfahren, was er tut, was er glänzend vollbringt. Er ist einfallsreich; jüdische Kinder haben sich in der Diaspora stets bestens behauptet. Sind sie nicht in den Schulen mit bestem Ruf zu finden? Zeichnen sie sich nicht aus in den Geisteswissenschaften ebenso wie in Diplomatie, im Geschäftsleben, Rechtswesen und Wissenschaftbetrieb? Interessanterweise zeigt Daniel ein besonderes Talent für das Thema Träume – ist es verwunderlich? Josef tat das gleiche vor ihm, Sigmund Freud nach ihm. Kann ein Jude ohne Träume leben? Ohne andere zum Träumen anzuregen?

Dennoch, Daniel bleibt ein besonderer Fall. Er ist in allen Disziplinen stets der erste. Er unterhält Beziehungen auf höchster Ebene. Er ist der Leiter einer Abteilung hier, eines Ressorts dort. Er kennt einflußreiche Leute. Aber – er steht nicht in der Reihe der Propheten. Warum nicht?

Er kennt jeden, er weiß alles, er durchdringt jedes Geheimnis. Nebenbei, er weiß auch, wie man sich Gefallen verschafft, besonders an erlauchten Orten. Sein Titel lautet nicht »*Daniel Hanabi*«, Daniel, der Prophet, sondern »*Daniel Isch-hamudot*«, Daniel, der Geliebte. Warum aber findet er sich in einer Löwengrube wieder, wenn er der Geliebte ist? Will er beweisen, daß ihn selbst die Löwen lieben? Eine gute Frage, auf die es eine ebenso gute Antwort gibt, aber wir wollen uns noch ein wenig gedulden. Das Buch Daniel ist eine Erzählung, und jede Erzählung hat ihren eigenen Rhythmus.

Wer war Daniel? Welche Qualifikationen hatte er wirklich, welche Ambitionen? Der politische Anführer seines verbannten Volkes zu sein, wie Esra und Nehemia? In talmudischer Literatur ist er... aber halt, auch hier wollen wir nicht zu schnell voranschreiten. Im Augenblick genügt es zu sagen, daß Daniel dort als ein Weiser gezeichnet wird, ein Visionär, ein Gelehrter, ein Psychologe, ein Spezialist in Sachen Traumdeutung. Aber nicht als Prophet.

Wir lieben seine Visionen. Sie sind mystisch in ihrem innersten Kern und beziehen sich auf ein großartiges messianisches Ende der Geschichte. Wenn wir sie lesen und wieder lesen, werden wir von Hoffnung, großer Hoffnung erfüllt. Ja, alles Leiden wird ein Ende haben, alle Leiden haben einen Sinn; ja, am Ende wird der Feind in die Knie gezwungen werden; ja, Gott wird sein – Gott ist – auf der Seite der Opfer.

In unserem eigenen Exil lesen wir das Buch Daniel immer wieder, um uns zu trösten. Die Hälfte ist in aramäischer Sprache verfaßt. Ist sie deshalb dem Durchschnittsleser unverständlich? Schade. Vor zweitausend und mehr Jahren war dieser Teil der einzig zugängliche. In jener Zeit war Aramäisch die *Lingua franca*, die Verkehrssprache, von Juden wie von Heiden; sie wurde vom Nahen Osten bis zum Himmalaya gesprochen.

Aber warum ist das Buch in zwei Sprachen geschrieben? Wäre es darum gegangen, es populär zu machen, hätte es ganz auf Aramäisch veröffentlicht werden müssen. Sonderbar... Alles an diesem Werk ist sonderbar. Studiert man es, wird man feststellen, daß es mehr als einige chronologische Schwierigkeiten enthält und ebenso viele philosophische wie mathematische Rätsel aufgibt. Aufgrund der Verwendung von Metaphern sind wir uns bisweilen nicht im Klaren, ob der Text von Nebukadnezzar oder Nabonidus, von Kyrus oder Darius, von Antiochus II. oder Antiochus IV. spricht. Zwischendurch werden unsere Gedanken von der wundervollen Geschichte entführt, so sehr, daß wir nicht länger der Versuchung erliegen, sie zu analysieren. Dies überlassen wir den Experten biblischer Kritik. Selbst jene sind sich nicht sicher, ob das Buch Daniel das Werk eines einzigen Autors oder das Werk von vier Autoren darstellt, ob er oder sie in der Zeit Nebukadnezzars oder Antiochus

Epiphanes' lebten. Sie sind es auch, die behaupten, es hätte tatsächlich einen frommen Mann namens Daniel gegeben, er aber sei einer anderen Erzählung zuzurechnen... Wie dem auch sei, zu fragen ist: Hat Daniel die Ereignisse vorhergesehen oder später von ihnen erfahren? Daniel, der Historiker? Ein historischer Visionär? Würden beide Attribute einander ausschließen?

Das Thema des Buches Daniel hat zahlreiche Dichter und Künstler inspiriert. Im vierzehnten Jahrhundert hat es Geoffrey Chaucer in seinem Buch *The Monk's Tale* bearbeitet. Drei Jahrhunderte später hat es Calderón de la Barca in ein Theater gefaßt: *La cena del Rey Baltasar*. Byron und Heine waren fasziniert von Daniel, Goethes Entwurf jedoch blieb ein Entwurf. In der Musik war vor allem Händel von Daniel angetan. Für viele Maler – Delacroix, Tintoretto, Rubens und natürlich Rembrandt – war er ein Lieblingsthema.

Folgen wir dem Text, so werden wir in das Geheimnis eindringen, das unseren Helden umgibt.

»Im dritten Jahr der Herrschaft des Königs Jojakim von Judäa zog Nebukadnezzar, der König von Babylon, gegen Jerusalem und belagerte es...«

So beginnt die Geschichte, die einen Hauch historischer Wahrheit enthält. Aber sogleich kommen Probleme auf. Einige behaupten, der Name des Königs sei Jehojakim, nicht Jojakim, andere sagen, »im dritten Jahr« müsse ein Druckfehler gewesen sein, es müsse »im dritten Monat« lauten. Andere schlagen vor, das Wort »Herrschaft« durch »Revolte« zu ersetzen. Kurz, die biblischen Kritiker wollen von Grund auf zeigen, daß dieses Werk nicht – wie es die rabbinische Tradition behauptet – während der letzten Jahre der Herrschaft Nebukadnezzars und der ersten Jahre der Herrschaft des Königs Kyrus entstanden sei, also zwischen den Jahren 545 und 535 vor der Zeitrechnung. Weiterhin verweisen sie auf die antijüdische Natur der Verfolgungen, die auf die Zeit des Antiochus Epiphanes hindeuten, weit mehr als auf die des Nebukadnezzar.

Wir wollen aber zunächst die Geschichte selbst untersuchen. Dramatisch, bezaubernd, sowohl Geist als auch Phantasie anregend, kreist sie um zwei Hauptfiguren: Daniel und den König. Ist die Identität des Königs umstritten – Daniels ist es nicht weniger. Man vergesse jedoch nicht: Sowohl Nebukadnezzar als auch Antiochus sind tief in der Geschichte ihres und unseres Volkes verankert. Wir kennen sie, wir können sie einordnen, wir wissen um ihre grausamen Siege und ihre gerechte Niederlage, während Daniels Person völlig im Dunkeln liegt. Er kommt aus dem Nirgendwo und geht ins Nirgendwo. Keine Spur von ihm findet sich vor seinem Auftreten, keine Spur danach. Von welcher Familie ist er der berühmte Sohn? Welcher Ahnenreihe gehört er an? In der biblischen Literatur ist seine Akte nahezu nicht existent. Ezechiel erwähnt ihn in einem Nebensatz: Er sei, neben Noah und Hiob, einer der großen Gerechten. Das ist alles. Selbst die talmudische Literatur überrascht uns in ihrer Kürze. Man lese den Text, und man wird sich fragen: Wer ist sein Vater? Wie alt war er, als er aus seinem Elternhaus gerissen und nach Babylon verschleppt wurde? Wohin ging er nach seinen Abenteuern, nach seinen Visionen?

Mit ihrem Sinn für Phantasie gibt uns die talmudische Legende ein vollständigeres Portrait seiner Person. Es wird gesagt, er sei ein Priester und ein Nachfahre Davids. Wir können ihn als einen der Gerechten ansehen. Er lieh den Bedürftigen Geld, gab den Armen Almosen, wohnte Beerdigungen bei und tanzte auf Hochzeiten. Der Text spricht mit an Ehrfurcht grenzendem Respekt von ihm. Er hat keine Fehler. Er wendet sich Richtung Jerusalem, wenn er seine Gebete verrichtet, er beweist Mut, wenn er den Mächtigen gegenübersteht, er vergißt seine Freunde nicht, wenn sie ihn brauchen. Er ist jemand, der stets weiß, was zu tun ist, was er zu sagen hat. Er weiß, wie er grimmigen Herrschern und unbekannten Bittstellern begegnen muß, er weiß sogar, wie man hungrige Löwen besänftigt. Besser als irgend jemand weiß er, wie man den Zorn, wenn nicht den Haß, entwaffnen kann, wie man den König für die Juden gewinnen kann. Der Talmud wie der Midrasch appeliert an unsere Phantasie. Wir *wissen* von Daniel nur, was der Text uns preisgibt. Lesen wir: »Der König befahl Aschpenas, dem obersten Eunuchen, die hübschen Kinder Israels sorgsam zu ernähren. Als tägliche Kost wies er ihnen Speisen von seiner Tafel zu und Wein, von dem er selbst trank. Sie sollten drei Jahre lang ausgebildet werden und danach in den Dienst des Königs treten...« Mit anderen Worten, die Kinder konnten sich ihres herrlichen Exils erfreuen. Man kümmerte sich um sie, schenkte ihrer Erziehung Beachtung und stellte die nötigen Mittel zur Verfügung; und wenn sie eines Tages assimiliert oder integriert sein sollten, würden sie Positionen von hohem Rang am königlichen Hof angeboten bekommen.

Daniel hatte drei Freunde unter den Kindern, Hananja, Mischael und Asarja. Da die Babylonier die hebräischen Namen nicht hören wollten, änderten, »babylonisierten« sie sie schleunigst: Daniel wurde Beltschazzar genannt, Hananja Schadrach, Mischael Meschach und Asarja Abed-Nego.

Aber sie widersetzten sich der Assimilation: »Daniel war entschlossen, sich nicht mit den königlichen Speisen und Weinen unrein zu machen.« Mit anderen Worten, er war entschlossen, koscher zu essen. Aber da der Hof des Königs keine koschere Küche führte, versucht er den Wächter zu überzeugen, seinen eigenen Speiseplan für sich und seine drei Freunde zusammenzustellen: Gemüse und Wasser. Der Wächter hat Angst: »Der König könnte finden, daß ihr dünner ausseht als die anderen, und wird mich bestrafen und meinen Kopf fordern.« Daniel schlägt einen Handel vor: Erfülle uns zehn Tage lang unseren Wunsch; danach wirst du entscheiden, was zu tun ist. Beschlossene Sache. Am Ende der zehn Tage zeigt sich, daß die Diät der vier jüdischen Jungen erfolgreich war. Sie sehen prächtiger aus als die anderen. Wer sagt es? Ein Jude braucht seinen Glauben nicht aufzugeben, um unter Nichtjuden anerkannt zu werden. Daniel und seine drei Freunde gingen ihren Weg. Als sie in den Dienst des Königs traten, fanden sie Gefallen in seinen Augen. »In allen Dingen, die Weisheit und Einsicht erfordern, und in denen der König sie befragte, zeigten sie sich allen Magiern und Astrologen in seinem ganzen Reich zehnmal überlegen.«

Wenn Sie so wollen, ist dies eine Wiederholung der Geschichte Josefs in Ägypten und Mordechais in Persien. Daniel besteht die Prüfung und verdient Respekt als Jude. Er findet sich an den Nabel babylonischer Geschichte versetzt – den Hof des Königs Nebukadnezzar.

Nach dem zu urteilen, was wir eben gelesen haben, war König Nebukadnezzar ein ziemlich unangenehmer Zeitgenosse. Er besiegte Judäa, brannte den Tempel nieder, raubte die heiligsten Gefäße und verschleppte die Jugend, auf die man die größte Hoffnung setzte, und schnitt sie dadurch von ihrem Volk, ihren Wurzeln, ihrer Zukunft ab. Es überrascht nicht, daß er des nachts keinen ruhigen Schlaf fand. »Er ist unruhig«, sagt der Text. »Er konnte nicht schlafen«. War er von seinem Gewissen gequält?... Er zitierte seine Magier, seine Astrologen, seine Bewunderer herbei und sagte: »Ich hatte einen Traum. Sagt mir welchen.« Man kann sich die Verwirrung der Zeichendeuter vorstellen: »Wenn der König seinen eigenen Traum nicht kennt, wie sollen wir ihn kennen? Unsere Aufgabe ist es, Träume zu deuten, nicht sie zu erraten.« Der König aber blieb hart: Ich möchte, daß man mir sagt, welchen Traum ich hatte. Wenn nicht, werde ich euch hinrichten lassen. Die Magier flehen ihn an. Vergebens. Sie sind verurteilt, und mit ihnen alle Weisen, einschließlich Daniel und seine Freunde. Der König glaubte an Radikallösungen. Alle weisen Männer sollten entweder geehrt oder getötet werden. So sagt es der Text. »Sie suchten Daniel und seine drei Freunde auf, um sie wie die anderen verschwinden zu lassen.« Heißt dies, daß die vier Juden als Teil der intellektuellen Elite des riesigen Reiches galten? Voll Furcht wandte sich Daniel an den Obersten der Leibwache: Aus welchem Grund geschieht diese Massenhinrichtung? Der Wächter berichtet es ihm, und Daniel verlangt danach, den König zu sehen. »Ich kann ihm seine Fragen beantworten. Ich kann ihm seinen Traum erzählen.« Natürlich braucht er Zeit – um seine Freunde zu konsultieren, um zu beten, um die himmlische Eingebung zu erhalten, auf die er in der Nacht wartet. Des Königs Traum – jetzt sieht er ihn. Und er spricht zum König: »Du sahst ein gewaltiges Standbild von außergewöhnlichem Glanz… Der Kopf war aus reinem Gold, die Brust und Arme aus Silber; der Bauch und die Hüften waren aus Bronze, die Beine aus Eisen, die Füße teils aus Eisen, teils aus Ton. Als du es betrachtest, löste sich ein Stein, schlug gegen die Füße der Statue und brach sie entzwei. Dann zerbrach das ganze Standbild in Stücke. Und er Wind trug es fort und ließ keine Spur von ihm zurück… Der Stein aber, der das Standbild getroffen hatte, wurde zu einem riesigen Berg und bedeckte die ganze Erde.«

Eine seltsame Vision, aufwühlend, faszinierend. Mehr noch, sie entspricht einer gewissen Logik. Daniel ist intelligent, scharfsinnig, einfühlsam. Er errät die Ängste des Königs: Was wird morgen aus ihm werden? Welches Schicksal hat sein Königreich? Mit anderen Worten, was ist das Geheimnis der Zukunft, wie kann das Geheimnis der Zeit gelüftet werden? Der große Eroberer kann sich nur Sorgen machen über das Schicksal seiner Eroberung. Deshalb erzählt ihm Daniel von der Zukunft. Die Statue, sagt Daniel, steht für dein Reich. Nach dir wird ein anderes Königreich errichtet, kleiner als das deinige; dann folgt ein drittes, dann ein viertes. Und alle werden zerstört werden. Danach wird Gott ein Königreich errichten gleich dem Stein in deinem Traum – und jenes wird bestehen in Ewigkeit.

Hat er den Traum des Königs erraten? Oder hat er lediglich das gesagt, was der König hören wollte? Hat er die

Angst des Königs beschwichtigt? Tatsache ist, der König war begeistert. Er überhäufte Daniel mit Geschenken und Ehren und ernannte ihn zum Oberbefehlshaber der ganzen Provinz Babylon. Und als ersten seiner Weisen. Natürlich konnte Daniel seinen drei Freunden hohe Posten in der Verwaltung des Reiches verschaffen.

Soweit ist alles gut. Nicht nur für die Juden, auch für die Heiden. Daniels reiches Wissen hatte alle Weisen vor dem Tod bewahrt. Sie hätten ihm Dank geschuldet, nicht wahr? Nun, Dankbarkeit war schon damals eine seltene Tugend.

Im folgenden konzentriert sich das Buch auf die Undankbarkeit des Königs, der ein riesiges Standbild aus Gold errichten ließ, vor welchem sich alle Untertanen niederwerfen mußten. Wer nicht gehorchte, würde in einen glühenden Ofen geworfen werden. Alle unterwarfen sich, mit Ausnahme der drei Freunde Daniels. Der König zitierte sie herbei, fragte sie aus und drohte ihnen. Sie hatten keine Angst. »Aber ihr werdet in den Flammen vernichtet werden«, rief er. »Welcher Gott wird euch aus meinen Händen retten?« Hananja, Mischael und Asarja entgegneten: »Unser Gott hat die Macht, uns aus deinem Feuerofen zu befreien. Aber selbst, wenn Er sich entschließt, es nicht zu tun, wisse, wir werden niemals deinem Götzen dienen.«

Eine dramatische Konfrontation zwischen jüdischem Mut und heidnischer Macht. Dies war das erste Mal, daß Juden um ihres Glaubens willen verfolgt wurden. Zuvor hatten die Verfolgungen nationalen, politischen, militärischen Charakter. Das Ziel der Tyrannen war es, Israel zu beherrschen, um ihre eigene Macht zu stärken. Unterwarf sich Israel, geschah dem Volk nichts. Ihre Gebete, ihr Studium, ihr Einhalten der Gesetze Mose hatte den früheren Tyrannen nichts bedeutet. Diesmal war es anders, ohne Vorläufer. Jetzt verlangte der Tyrann absolute Unterwerfung, physische und psychische, individuelle und kollektive – Unterwerfung der Gedanken, Verkauf der Seelen. Zur Überraschung des Königs widersetzten sich Daniel und seine Freunde. Erneut trotzten sie dem König. Der König sagte: »Wenn euer Gott Gott ist, soll *Er* euch retten.« Und sie antworteten: »Selbst wenn Er nicht kommt, uns zu retten, bleibt Er doch unser Gott«. Eine Präfiguration unzähliger kommender Leiden! Für Juden wird Gott durch Verfolgung nicht notwendigerweise in Frage gestellt. Ihr Glaube mag sich verändern im Charakter und in der Intensität, aber er stirbt nicht, nicht einmal im Tod. Ihr Glaube überlebt ihren Tod. In diesem Fall haben sie *selbst* den Tod überlebt. Nachdem sie in einen Feuerofen geworfen waren, rettete sie ein Engel vor den Flammen. Ein happy end. Der König erkennt die Macht ihres Gottes. Die drei Freunde bleiben am Leben und verlassen die Erzählung endgültig. Und Daniel? Endgültig gerettet?

Ziemlich launisch, dieser König Nebukadnezzar. In einem Augenblick spricht er Drohungen aus, gibt sich fanatisch und erbarmungslos, einen Augenblick später ist er sanftmütig und großzügig. Hat er denn nichts aus den vorangehenden Ereignissen gelernt? Der Talmud erklärt: Wenn er nichts gelernt hat, sind seine Berater schuld. Voller Neid auf Daniel verschwören sie sich gegen ihn, und es gelang ihnen, den König gegen das jüdische Volk aufzuhetzen.

Nach dem Talmud suchten die drei Freunde bei Daniel um Rat, bevor sie dem König widersprachen. Aber Daniel weigerte sich, ihnen eine Antwort zu geben. Er machte ihnen den Vorschlag, den Propheten Ezechiel um Rat zu fragen (siehe voriges Kapitel). Ezechiel riet ihnen zu fliehen. Ihre Reaktion? Wenn wir davonlaufen – wie sollte dann der Name des Herrn geheiligt werden? *Kidusch Haschem* ist ein Akt, den wir öffentlich vollziehen müssen, wir müssen öffentlich dem Leben abschwören, wenn das Leben Lügen und Korruption bedeutet. Gott ist es Wert, daß wir für ihn leben, und daß wir für ihn sterben. Aus diesem Grunde offenbart das Buch Daniel die Haltung aller späteren Märtyrer des Glaubens.

Wirklich, wir können das Buch in zwei Teile teilen: Der erste besteht aus Aktion, der zweite aus Vision. Im ersten Teil machen die Träume des Königs – von Daniel gedeutet – die Geschichte aus; im zweiten Teil deuten die Visionen Daniels auf das *Ende* der Geschichte. Ich sage Visionen, nicht Prophezeiungen. Noch einmal: Daniel ist kein Prophet. Aber sieht er nicht die Zukunft voraus? Er versteht die Gegenwart in ihrer Bedeutung für die Zukunft. Er weiß, wie man Zeichen liest und entziffert. Er sagt die eschatologische Zukunft voraus. Wie aber können wir *ihn* beschreiben? Als einen weisen Mann – ein Titel, der ihm vom babylonischen König verliehen wurde. Selbst in talmudischer Literatur, wird der weise, nicht der prophetische Daniel gerühmt.

Seine Weisheit wird zurecht gepriesen; sie wird als überlegen dargestellt. Der heidnischen Weisheit überlegen? Natürlich – aber auch der jüdischen. Die Propheten Hagai, Sacharja und Maleachi hätten nicht gesehen, was Daniel sah, so der Talmud. Aber wenn er so weise, so fromm war, wenn er mehr und besser sah als die Propheten, wenn er weiter voraussah als sie es vermochten, tiefer blickte als sie – warum konnte er kein Prophet sein?

Wir wollen unser Studium fortsetzen. Wir wollen Nebukadnezzars neuen Traum untersuchen. An diesen erinnert er sich gut und erzählt ihn jedem in der ersten Person: »Ich, Nebukadnezzar, lebte unbekümmert in meinem Haus und war glücklich in meinem Palast. Da hatte ich einen Traum, der mich erschreckte; die Gedanken, die mich auf dem Nachtlager verfolgten, versetzten mich in Angst...«

Nun brauchte er keine Magier mehr, um seinen eigenen Traum zu erraten, jetzt brauchte er sie nur, um dessen Bedeutung zu erhellen. Alle werden herbeizitiert, alle müssen vor ihm erscheinen. Und alle müssen ihr Versagen zugeben. Glücklicherweise gibt es Daniel. Daniel versteht, Daniel erklärt. Gut so, Daniel. Er erläutert dem König den Grund seiner Ängste: In der Tat, seine Zukunft ist trostlos. Der Baum, der ihn symbolisiert, wird umgesägt, sein Königreich zerstört. Der König selbst macht eine Verwandlung à la Kafka durch: In »sieben Zeiten« wird er aufhören, Mensch zu sein; als Tier unter Tieren wird er durch die Wälder streifen, wird sich von Gras und Tau ernähren. Und der Traum wird Wirklichkeit. Der König selbst berichtet uns von seiner Verwandlung. Er erzählt die Geschichte in der ersten Person. Wer wagt es, ihm nicht zu glauben?

Aber hier muß sich der Leser fragen: Warum muß der König bestraft werden? Gewiß, er schüchterte eine ganze Anzahl jüdischer Bürger mit seinen heidnischen Befehlen ein; aber nie starb jemand, nicht wahr? Weil er Leute erschreckte, hat er es nun verdient, selbst in Schrecken zu leben? Und warum muß er diese besondere Strafe erleiden? Der Talmud stellt Nebukadnezzar in einen strikt moralischen Ursache-Wirkungs-Zusammenhang: Weil er aus Stolz gesündigt hatte, betrifft die Strafe seinen Stolz. Er wähnte sich allen anderen überlegen, deshalb muß er jetzt bei den Geringsten, den Verachtetsten leben. Von seiner eigenen Eitelkeit besiegt, bezwungen, gedemütigt, erzählt er die Geschichte mit einem Unterton der Reue – und am Ende mit überwältigender Freude: Er hat seinen Glauben wiedergefunden, indem er seinen Verstand wiederfand. Alles geschah, wie Daniel es vorausgesagt hatte. Und trotzdem, der allseits geliebte Weise, Daniel *Isch-hamudot*, wird nicht als Prophet betrachtet.

Natürlich erzählt der König nicht von seinem eigenen Ende. Niemand tut es, auch Daniel nicht. Nebukadnezzar verschwindet einfach am Ende von Kapitel vier. Das nächste Kapitel eröffnet mit einer verblüffenden Vision seines Nachfolgers, König Belschazzar, der ein großes Gastmahl ausrichtet. Als Sohn oder Enkel Nebukadnezzars erbte er von ihm einen Sinn für das Okkulte. Auch er »sieht« seltsame Dinge. Mitten in einem Staatsbankett sieht er, wie mysteriöse Finger etwas an die Wand schreiben: »*Mene mene tekel u-parsin*.« Unverständliche Worte, nicht zu entziffern. Alle Weisen des Hofes versuchen, sie zu entschlüsseln, aber vergebens. Der König ist an der Schwelle zur Verzweiflung, doch die Königin – die einzige weibliche Gestalt in der Erzählung – rettet ihn. Sie erinnert ihren Mann an Daniel und dessen Fähigkeiten. Sie finden ihn; hier steht er im königlichen Palast, vor dem König und dem Hofstaat, hier steht er, um das Rätsel zu lösen: »*Mene mene tekel u-parsin* – gezählt, gewogen, geteilt.« Mit anderen Worten, Gott hat deine Taten gezählt und gewogen; dein Königreich wird aufgeteilt, deine Herrschaft ist zu Ende. Auch hier ist die Vorhersage korrekt: Siebenundvierzig Jahre nach dem Fall Jerusalems bricht das babylonische Weltreich zusammen. Jetzt muß Belschazzar verschwinden und Persien Platz machen. Persien regiert, Persien beherrscht die Welt. Kyrus ist ein guter König, er baut Jerusalem wieder auf. Kannte ihn Daniel? Ohne Zweifel – aber Daniels größtes Abenteuer erlebt er unter Darius.

Darius, Nachfolger von Kyrus dem Großen, mag Daniel. Er gibt ihm eine hohe Stellung: Er wird zu einem der drei Premierminister des ganzen Königreichs ernannt. Zu viel Erfolg, zu viel Ruhm für einen jüdischen Flüchtling? Aufs Neue wird er beneidet, besonders in politischen Kreisen. Seine Rivalen kämpfen hart, um seinen Einfluß zu untergraben. Wie kann man ihn in die Falle locken? Sie bringen ein Gesetz ein, wonach es den Bürgern verboten wird, ihre Gebete und ihr Flehen an ihre eigenen Götter zu richten: Sie dürfen nur noch an den König selbst gerichtet werden. Wer dieses Gesetz mißachtet, wird der höchsten Strafe unterzogen; er wird in die Löwengrube geworfen. Dieser neue Erlaß hat Daniel kaum davon abgehalten, sein Leben zu leben wie zuvor. In seinem Haus, in dem die Fenster Richtung Jerusalem geöffnet sind, betet er dreimal am Tag. Beim Beten erwischt, wird er vor den König geschleppt. Er verteidigt sich nicht. Er akzeptiert die Konsequenzen seines Tuns. Aber der König scheint traurig, trauriger als der Angeklagte. Wieder ist zu fragen, warum sollte Daniel sich vor den Löwen fürchten? Hatte er nicht Glauben an Gott und an seine Güte? Eine wunderbare Geschichte kommt uns in den Sinn:

In Afrika stehen zwei Männer an einem Fluß, den sie überqueren wollen, als sie gerade noch entdecken, daß er voller Krokodile ist, die bereits nach ihnen Ausschau halten. »Hast du Angst?« fragt einer den anderen. »Weißt du denn nicht, daß Gott gnädig und gütig ist?« »Ich weiß«, sagt der Ängstliche. »Was aber, wenn Gott just in diesem Augenblick sich entschließen würde, zu den Krokodilen gütig zu sein?«

Wie konnte sich Daniel sicher sein, daß diese Nacht nicht die Nacht der Löwen sein würde?

Die talmudischer Literatur schmückt die schlaflose Nacht aus, die Darius erlebt, als er darüber grübelt, was er in der Grube entdecken wird: sein Freund und enger Vertrauter in Stücke gerissen. Einige Kommentatoren des Midrasch stellen sich den König in der Nähe der Löwengrube vor, gelähmt vor Reue und Angst. Und dann, Wunder über Wunder, am Morgen wird die Grube geöffnet, und Daniel kommt ohne eine Schramme hervor. Der König ist glücklich, Daniel ist glücklich, die Juden sind glücklich. Auch Gott ist zufrieden. Jedenfalls sollte er es sein: Der König befiehlt allen Bewohnern Persiens, Ihn, den Gott Daniels, anzuerkennen. »Daniel aber ging es gut unter der Herrschaft des Königs Darius«, schreibt der Text.

Ist dies der Grund dafür, daß Daniel nicht als Prophet bezeichnet wird? Weil ihn der König zu sehr schätzte? Weil er zu glücklich war? Muß ein Prophet stets traurig sein, verfolgt, verflucht? Wäre ein glücklicher Jeremias nicht Jeremias gewesen?

Man beachte, kaum erscheinen die Worte »Daniel ging es gut«, ändert die Handlung ihren Lauf. Bis jetzt wurde die Handlung von den Königen bestimmt. Sie waren es, die träumten, sie waren es, die handelten. Daniel hatte lediglich ihre Träume gedeutet. Jetzt, vom siebten Kapitel an, ist es Daniel, der träumt, der seltsame Visionen hat. Nun braucht er jemanden, der ihm erklärt, was er fühlt, was er vorhersieht, was er voraussagt. Er ist der Träger einer Botschaft, die ein anderer versteht.

Es ist eine aufregende Botschaft: Gelegentlich spricht Daniel wie Ezechiel, drückt sich in wohlklingenden und leidenschaftlichen Worten aus, in einer poetischen, wenn nicht prophetischen Art und Weise, spricht die Phantasie gleichermaßen wie die Geschichte an, appelliert an das Herz ebenso wie an die Seele: Er tritt dem Universum gegenüber, er stellt sich dem, was den Menschen übersteigt. »Ich hatte nächtliche Visionen«, schreibt er, »und siehe, die vier Winde des Himmel wühlten das große Meer auf. Und vier große Tiere stiegen aus dem Meer, und jedes hatte eine andere Gestalt. Das erste glich einem Löwen mit Adlerflügeln; und während ich es betrachtete, wurden ihm die Flügel ausgerissen. Das zweite Tier glich einem Bären; das dritte einem Leoparden, mit vier Flügeln eines Vogel auf seinem Rücken. Das vierte Tier, furchtbar und schrecklich anzusehen, hatte Zähne aus Eisen; es fraß, zertrat und zermalmte alles, was existierte...«

Eine verwunderliche Geschichte. Eine atemberaubende Vision. Daniel wird auf seinem Nachtlager ins Irreale entrückt. Er schwingt durch himmlische Sphären, in denen nichts der Normalität entspricht. Wer nur ist dieser »Hochbetagte«, der auf einem erhabenen Thron sitzt? »Sein Gewand war weiß wie Schnee, das Haar auf seinem Kopf wie reine Wolle. Sein Thron war aus Feuerflammen... Ein Strom von Feuer floß und sprudelte aus ihm hervor. Tausende dienten ihm.« Wer nur ist der Menschensohn, der vor den »Hochbetagten« tritt? »Ich, Daniel, hatte eine aufgewühlte Seele. Die Vision vor meinen Augen erschreckte mich.« Selbstverständlich. Welcher Mensch könnte all dies erblicken, all dies aufnehmen, all dies empfangen, ohne sich zu fürchten? Gerne hätte er sich jemandem anvertraut, aber er ist allein. Zu wem kann er Vertrauen haben? Wer ist in der Lage, ihn zu beruhigen? Dann – noch immer ist er ein

Fremder – wendet er sich an eine der Figuren seines eigenen Traumes und bittet ihn um Erklärung. Er fragt die Figur nach der Bedeutung *seiner* eigenen Vision. Obwohl er ein Fremder ist, wird er nicht abgewießen; man sagt ihm nicht: »Was willst du von mir? Es ist *dein* Traum, nicht meiner!« Nein, sie antwortet vernünftig, ruhig. Die Tiere stehen für Königreiche, für die, die untergehen, und die, die bestehen bleiben. Das Überheblichste wird am meisten gezüchtigt. Ist Daniel zufrieden? Keineswegs. Selbst als er nach dem Traum aufwacht, ist er beunruhigt. Er erbleicht und schweigt.

Von diesem Moment an wird er von seinem Delirium überwältigt. Er sieht einen Widder mit Hörnern, den kein Tier je bezwingen kann. Der Widder jedoch wird von einem Ziegenbock attackiert; seine Hörner brechen entzwei. Auf einmal verstehen wir, daß wir einem Krieg zwischen Ost und West beiwohnten. Luftstreitkräfte, selbst Sterne des Himmels hatten an der Schlacht teilgenommen. Daniel hört, wie ein Heiliger einen anderen fragt: Wie lange wird man das Heiligtum und seine Beschützer mit Füßen treten? Wieviel Zeit wird vergehen, bevor sich die Vision vom ewigen Opfer erfüllt? Und der andere sagt zu ihm: »Zweitausenddreihundert Abende und Morgen wird es dauern, dann wird das Heiligtum gereinigt sein.«

Daniels Temperatur scheint von Minute zu Minute, von Traum zu Traum zu steigen. »Einer, der aussah wie ein Mann,« stand plötzlich vor ihm. Eine Stimme sagt: »Gabriel, erkläre ihm die Vision!« Der Engel Gabriel? Daniel fällt mit dem Gesicht zu Boden. Gabriel spricht, Gabriel erklärt. Daniel hört zu, Daniel versteht, glaubt zu verstehen, weiß am Ende nicht mehr, was er eigentlich verstehen soll. Alles, was er weiß, ist, daß er still halten und warten muß: »Du sollst deine Vision geheim halten, denn sie bezieht sich auf eine ferne Zeit.«

Das Ende des Kapitels ist von besonderem Interesse: »Ich, Daniel, schmachtete dahin und lag mehrere Tage lang krank zu Bett; dann stand ich auf und kümmerte mich wieder um die königlichen Angelegenheiten.« Das Leben mußte weitergehen. Der Mann, der so viele Krisen durchlebte, der so viele Visionen hatte, mußte sich wieder den Alltagsgeschäften zuwenden, mußte beaufsichtigen, ordnen, befehlen, mit Besuchern reden, sich ihre Probleme anhören, Entscheidungen treffen. Die Realität des Lebens überwand Daniels turbulente Irrealität.

Gleichzeitig möchte man fragen: »Was geschah während der Tage seiner Krankheit, als er schmachtend im Bett lag? Kam niemand, um ihn aufzumuntern? Ein Jude von seiner Bedeutung, von seiner Stellung, blieb seinem Büro mehrere Tage fern, und niemand war beunruhigt, niemand wollte nachsehen, ob er vielleicht einem Unfall zum Opfer gefallen war? Und die Engel? Was hatten sie zu tun?

Trotz seiner Genesung hatte Daniel weiterhin Visionen; vielleicht zog er sie nun an. Stets erscheint ein Mann – Gabriel – in Leinen gekleidet, der ihm »die Augen öffnet« und mit ihm spricht. Daniel wird blaß und rot, von Furcht ergriffen, stürzt zu Boden, fühlt, wie ihn die Schwäche übermannt. Jetzt sind es keine Tiere mehr, die er sieht, nun sind es Worte. Gabriel und später Michael berichten ihm von der Zukunft: Persien wird von Griechenland erobert; die Erde wird Erschütterungen von kosmischem Ausmaß erfahren. Schlachten zwischen Königreichen, gewalttätige Konflikte zwischen Großmächten. Die einst Gedemütigten werden den Geschmack des Sieges schmecken; die Stolzen werden erniedrigt.

Isch-hamudot, der Geliebte: Es ist der Engel, der Daniel mit diesem Namen anspricht. Bei mehr als einer Gelegenheit macht er ihm dieses Kompliment. Weil wir dich so sehr mögen, werden wir dir schreckliche Geheimnisse anvertrauen. Oder sollten wir vielleicht *Isch-hamudot* mit »Jemand, der zu lieben versteht« übersetzen? Der andere mehr liebt als sich selbst? All seine Sinne erwachen, werden geschärft, entflammt, als der Engel mit ihm redet; Daniel achtet auf jede Nuance, läßt keine einzige Silbe aus. Natürlich versteht er nicht alles. »Die Tochter des Königs des Südens«, die zum König kommt, um die Harmonie wiederherzustellen – wer ist sie? Wer ist der verachtenswerte Mensch, der ihren Platz einnimmt? Schließlich hört Daniel dem Engel zu und erinnert sich an die Zukunft, die sich vor seinen Augen entrollt: Vier Könige werden dem König Kyrus folgen. Alexander der Große wird seine Macht überall hin ausdehnen, wird selbst den Horizont zurückdrängen – bis auch er geschlagen wird. Der Engel kündigt den Aufstieg Antiochus Epiphanes' an, der wie ein »Wirbelwind« Ägypten und seine anderen Feinde besiegen wird. Aber am Ende all dieser Leiden, die nichts, aber auch gar nichts mit dem jüdischen Volk zu tun haben, wird das jüdische Volk gerettet werden. Daniel kennt den Zeitpunkt. Aber der Engel befiehlt ihm: »Daniel, halte diese Worte geheim…« Wir kommen an den Ausgang der Erzählung. »Versiegele das Buch«, ordnet der Engel an. »Viele werden es dann lesen, und die Einsicht wird wachsen.« Wie bitte? Wenn das Buch versiegelt ist, wie kann es dann gelesen werden? Und wessen Einsicht wird wachsen? Ist das nicht absurd? – Keineswegs. An dieser Stelle lehrt uns das Buch Daniel eine ernste und entscheidende Weisheit: Das Geheimnis muß geheim bleiben, damit es Auswirkungen auf das menschliche Schicksal haben kann. Ein Geheimnis im falschen Moment preiszugeben, bedeutet, seine innerste Wahrheit aufzulösen. Nur wenn ein Geheimnis ganz bleibt – versiegelt –, wird die Einsicht wachsen. Mit anderen Worten, Daniel wiederholt uns, was ihm der Engel befohlen hat: Es ist verboten, gewisse Themen zu trivialisieren; es ist gefährlich, leichtsinnig mit ihnen umzugehen. Daniel hat nur die Erlaubnis, uns zu sagen: »Wißt, daß das Geheimnis existiert.«

Hören wir auf den Schluß des Buches. Er ist es wert. In seiner Poesie und mystischen Lyrik überragt es zahlreiche prophetische Texte.

»Und ich, Daniel, blickte auf, und da standen zwei Männer, der eine diesseits des Flusses, der andere jenseits. Einer fragte den Mann, der in Leinen gekleidet war: Wann werden diese unbegreiflichen Geschehnisse zu Ende kommen? Darauf hörte ich die Stimme des Mannes, der in Leinen gekleidet war und über den Wassern des Flusses stand. Er erhob seine rechte und seine linke Hand zum Himmel und schwor im Namen dessen, der ewig lebt, und sagte: Es geschehe zu der Zeit, der Zeit und halben Zeit. Und daß sich all diese Dinge vollziehen, wenn die Macht des heiligen Volkes endgültig zerschlagen sei. Ich hörte es, verstand es aber nicht; und ich sagte: Herr, was wird das Ende von all dem sein? Er antwortete: Geh, Daniel, diese Worte bleiben verschlossen und versiegelt bis zum Ende der Zeit. Viele werden geläutert, gereinigt und geprüft; alle Frevler werden weiter freveln, und keiner der Frevler wird es verstehen, aber der Einsichtige wird es verstehen. Von der Zeit an, in der man das ständige Opfer abschafft und die Greuel des Verwüsters aufstellt, sind es eintausendzweihundertneunzig Tage. Glücklich wird der sein, der ausharrt und eintausenddreihundertfünfunddreißig Tage erreicht. Und du, geh nun deinem Ende zu; du wirst ruhen und am Ende der Tage wirst du auferstehen, um dein Erbteil zu empfangen.«

Nebenbei sei bemerkt, daß die Worte und Bilder unseres Totengebets, dem *Kol Male Rachamim*, von den letzten Passagen des Danielbuches inspiriert sind. Sie sind wunderschön, das ist nicht zu leugnen. Was aber bedeuten sie? Tausende von rabbinischen und mystischen Gelehrten und Kommentatoren haben versucht, ihr Geheimnis zu lüften. In jeder Verbannung, in jedem Ghetto gab es geistige Führer, die mit Hilfe der Vorhersagen Daniels ihre Zeitgenossen zu trösten versuchten. Ich erinnere mich, daß es auch bei uns zu Hause der Fall war. Daniel war beliebt. Wir haben ganze Nächte damit verbracht, die genaue Kombination der Worte »Zeit, der Zeit und halben Zeit« herauszuknobeln. Einige waren überzeugt, sie hätten die Antwort gefunden.

Die Erlösung würde im Morgengrauen geschehen, so jedenfalls würde es Daniel versprechen. Jedoch, eine Zeit multipliziert mit tausend und geteilt durch neunzig – was kommt dabei heraus? – Hoffnung.

Der Engel wird Recht behalten. Das Geheimnis wird ein Geheimnis bleiben. Selbst Daniel hat seine Unwissenheit zugegeben. Warum sollten wir mehr Erfolg haben als er?

Armer Daniel, tapferer Daniel: Weise und berühmt wie er war, schämt er sich nicht, mehr als einmal zuzugeben, daß er nichts verstehe. Seine Rolle war nur die des Boten. Zu hören und zu wiederholen; zu hören und zu übermitteln; zu hören und da zu sein.

Was geschieht mit Daniel am Ende? Er verläßt das Buch ohne eine Spur zu hinterlassen. Unter welchen Umständen starb er? Wo? Eine Quelle des Midrasch meint zu wissen, daß er, nachdem er sich von seinen offiziellen Geschäften zurückgezogen hatte, nach Judäa zurückgekehrt sei und sich in Tiberias niederließ. Beweis? Es gibt keinen. Hier kommen wir zum Anfang zurück: Wir wissen nicht, woher er kam und wohin er ging. Nachdem er so viele dramatische Ereignisse, so viele Bedrohungen, so viele Gefahren überlebt hatte, verschwand er im Dunkeln der Geschichte.

Aber hat er keine Kinder zurückgelassen? Nein. War er verheiratet? Die Abwesenheit von Frauen in der Erzählung ist verblüffend. Keine Mutter, keine Ehefrau, keine Tochter. Ein Mann ohne Familie? Offensichtlich. Aber ist es nicht die oberste Pflicht eines Mannes, wird ihm nicht befohlen, zu heiraten, eine Familie zu gründen, um das Leben auf der Erde fortzupflanzen? Ja, außer... Daniel konnte nicht heiraten. Weil er Gott gehörte? Nein. Weil er dem König gehörte, der ihn zwang, nach Babylon zu gehen. Der biblische Text sagt es nicht ausdrücklich, aber der talmudische Kommentar macht keine Anstrengung, die Tatsache zu verbergen, daß Daniel und seine drei Freunde Eunuchen waren. Ein Gelehrter der Tosefta geht sogar soweit zu sagen, Daniel hätte sich selbst entmannt, um zu vermeiden, eine heidnische Prinzessin heiraten zu müssen. Doch die meisten der Kommentatoren vermuten, daß die jungen Hebräer von den Dienern des Königs verstümmelt worden sind. War Daniel deshalb nicht geeignet, Gott als Prophet zu dienen, weil er auf diese Weise am Fleisch gezeichnet war? Ist das der Grund, warum er nur weise und beliebt war? Beliebter als andere, weil er der Liebe, der körperlichen Liebe unfähig war? Weil er nicht lieben konnte wie ein Mann eine Frau liebt, um das Leben zu feiern?

Jetzt, da wir seinen körperlichen Zustand kennen, verstehen wir seine Persönlichkeit besser. Die Verstümmelung seines Körpers beflügelte seinen Geist. Von den Menschen gefoltert, wird er engelgleich. Da er sich herabgesetzt fühlt, steigt er in die schwindelnden Höhen des Absoluten.

Daher rührt seine Komplexität. Obwohl er ein demütiger und frommer Jude ist, nahm er die Stellung am Hofe an. Obwohl er mit Politik zu tun hat, ist er in der Mystik zu Hause. Zwei talmudische Meister widersprechen sich bei der Interpretation eines Verses aus dem Hohelied der Liebe: »*Bikaschti et scheahawa nafschi* – Ich suchte das Wesen, das meine Seele liebt.« Der eine sagt, dies treffe auf Daniel zu, der zu einem königlichen Festmahl geht. Der andere sagt: Richtig, dies trifft auf Daniel zu, aber er geht nach Hause, um zu fasten. Ein Widerspruch? Daniel definiert sich durch Widersprüche: Er ist nicht ganz ein Mann, nicht ganz ein Prophet, nicht ganz ein Bote, nicht ganz ein geistiger Führer. Als genialer Jude der Diaspora ist er stets zwischen zwei Kräften hin und her gerissen.

»All dies Ungemach kam über uns«, sagt er, »und wir flehten den Ewigen nicht an, wir wandten uns nicht ab von unserer Missetat.« Er ist wütend auf sein Volk Israel, so viel ist klar. Aber gleichzeitig stellt er dem Herrn, dem Gott Israels, seine Fragen. Der Talmud schreibt: »Moses sagte einst: *Hakel hagadol haguibor wehanora* – Gott, der groß ist und heldenhaft und mächtig.« Kam Daniel daher und fragte:

Heldenhaft? Er? Seine Kinder werden von Fremden unterdrückt – wo ist seine Macht, wo ist sein Mut? Aus diesem Grunde sprach Daniel fortan in seinen Gebeten das Wort *haguibor* nicht mehr aus. Ja, Daniel wagt es, sich gegen Gott zu erheben, wenn es darum geht, für die gequälten Juden einzutreten. Aber sagte er nicht, das Leiden sei Folge der Sünden des jüdischen Volkes? Daniel entscheidet sich zwischen Leiden und Logik; die Opfer auf der einen, die Gerechtigkeit auf der anderen Seite, entscheidet er sich für die Opfer. Er verhält sich wie die großen Meister unseres Volkes. Von Abraham bis Rabbi Levi-Jizchak von Berditschew wagten es die Größten unter den Großen, sich auf die Seite der Juden zu stellen, selbst gegen Gott. Alle, einschließlich Daniel, sind der Meinung, daß Gott seiner Schöpfung nicht fremd gegenüber steht, daß Er in der Geschichte handelt. Obwohl Seine Verantwortung die des Menschen nicht schmälert, ist Er der Mitleidende, mehr als der Strenge. Deshalb verstehen wir Daniels Revolte. Moses hatte gesagt: Wenn Du meinem Volk nicht vergibst, dann tilge meinen Namen aus Deinem Buch. Daniel sagte: Wenn Du Dein Volk nicht rettest, werde ich aufhören, Dich zu preisen. Der Mann, der sich selbst unter Todesgefahr für das Gebet entschieden hatte, drohte nun damit, seine Gebete zu reduzieren. Der Mann, der seinem Gott unendliche Liebe geschworen hatte, wollte nun seine Liebe aufkündigen – um seines Volkes willen. Kommentar des Midrasch: Es gab vor dem Herrn zwei Verteidiger Israels: Moses und Daniel.

Auch wird er mit Jakob verglichen. Jakob und Moses sind die einzigen, denen Gott das Geheimnis des Endes offenbarte. Jakob wollte es mit seinen Kindern teilen, hatte es jedoch vergessen. Was Daniel betrifft, er war angewiesen, es für sich zu behalten.

Faszinierender Daniel. Inmitten königlicher Intrigen, war er zufrieden mit seinen eigenen Kräften, denen des Wortes. Mit seinen Worten beruhigte er Könige, mit seinen Worten gab er den Generationen des Exils neue Hoffnung; sie werden Daniels Namen und Beispiel gedenken, während sie auf die Erlösung harren.

Der Engel befahl ihm, das Buch zu versiegeln und das Geheimnis des Endes nicht preiszugeben. Er gehorchte. Schade. Hätte er nicht hier und da eine Anspielung fallen lassen können, um uns die Sache zu erleichtern?

Maimonides und seine Anhänger betrachteten das Buch Daniel als gefährlich. Ich hingegen liebe es, es wieder und wieder zu lesen. Weil es so schön ist? Weil es so gefährlich ist? Zugegeben, wir können das Geheimnis, das es enthält, nicht enträtseln, aber wir wissen, daß es ein Geheimnis gibt – und dieses Wissen hilft uns, die Banalität zu überwinden und die Gleichgültigkeit zu bekämpfen. Ja, dieses Wissen befähigt uns, Hoffnung zu wecken mit dem Namen dessen, der selbst der Schöpfung vorausgeht.

Wird deshalb in der Liturgie unserer Hohen Feiertage an Daniel erinnert? »*Mi scheana le-Daniel begow haarajot* – Er, der Daniel in der Löwengrube erhörte, Er möge unsere Gebete erhören.« Aber im Text finden wir keinen Hinweis auf die göttliche Antwort! Ohne Zweifel, Daniel hat gebetet, aber uns wird nicht gesagt, daß und was Gott ihm geantwortet habe. Es wird nur gesagt, daß Daniel die Gefahr überlebte.

Ist das Gottes Antwort?

Esra, Nehemia und das jüdische Schicksal

ZWEI MÄNNER, ZWEI LEBEN, ZWEI STANDPUNKTE, ZWEI TEMPERAMENTE – aber *eine* Bestimmung. Und *eine* Geschichte. Eine Geschichte, die beide zusammenbringt und sie in den Rang von Männern erhebt, die in der jüdischen Historie Epoche machten. Die glorreiche Geschichte eines Zusammenbruchs, dem eine Rückkehr folgte.

Esra, der Schreiber. Der Intellektuelle, der spirituelle Mensch, der Student, der Lehrer, ideenschwanger, der Ideologe. Und – ganz in seiner Nähe – Nehemia, der Organisator, der ewige Pragmatiker, ein Mann der Tat. Sowohl Esra wie Nehemia hatten Macht vom König übertragen bekommen, aber nur Nehemia machte von ihr Gebrauch. Esra suchte sein Heil im Gebet, Nehemia im Verstand. Esra verzichtete auf den Schutz einer Eskorte des Königs, denn er glaubte an das Eingreifen des Himmels; Nehemia akzeptierte das königliche Angebot. Als Esra sah, wie sein Volk sündigte, weinte er; als Nehemia das gleiche sah, brachte er die Sünder zum Weinen.

Beide stehen für die Hoffnung Israels, Israels Recht auf Erneuerung. Beide stachelten ihre Brüder auf, mit ihrer vertrauten Umgebung zu brechen, die Annehmlichkeiten des Exils zu verlassen, nach Hause zurückzukehren und – physisch wie psychisch – mit der Stadt ihrer Träume in Berührung zu kommen: Jerusalem. Und den Anblick der Ruinen nicht zu fürchten, die die Stadt bedeckten, die Gott als Seine Wohnstätte in Seinem Volk erwählt hat, dem Volk der Erinnerung und des Glaubens.

Gemeinsam pflanzten Esra und Nehemia ihrem zerstreuten Volk eine neue Hoffnung und doch so alte Vision wieder ein. Zerstreut? Ja, aber vereint, dank beider. Ohne sie wäre die Geschichte des Exils zu einem anderen Ende gekommen. Ohne sie hätte die jüdische Existenz in der turbulenten Geschichte der Nationen untergehen können, jener Nationen, die längst der Vergessenheit anheim gefallen sind.

Gemeinsam? Waren Esra und Nehemia wirklich gemeinsam? Waren sie wirklich Seite an Seite an der gleichen Bemühung beteiligt, die in dem glorreichen Wiederaufbau der unzerstörbaren Stadt Jerusalem gipfelte? In unserer kollektiven Phantasie erscheinen sie stets als unzertrennliches Paar. Ist diese Vorstellung richtig? Stimmt sie mit den Tatsachen überein? Korrespondiert sie mit dem, was wir die historische Wahrheit zu nennen pflegen? Hätte der eine ohne den anderen Erfolg gehabt? War der eine bedeutender als der andere?

Ihre Geschichte beflügelt unseren Geist. Neben ihrer Romantik, ihrem Patriotismus und Zionismus enthält sie auch beunruhigende Elemente. Wer stand am Anfang dieser jüdischen Erneuerung? Esra? Nehemia? Nicht König Kyrus von Persien? Und als dessen Erlaß verkündet worden war, was geschah dann? Haben alle Juden ihre Sachen gepackt und sind nach Hause gezogen, in das Land ihrer Vorfahren? Nein? Warum nicht?

Lesen wir den ersten Vers des ersten Kapitels des ersten Buches:

»*U'wischnat achat lekoresch melech Parass lichlot dawar adoschem mipi Jirmijahu* – Und es geschah in jenem Jahr – oder im ersten Jahr – der Herrschaft des Königs Kyrus von Persien, als Gottes Wort auf Jeremias Lippen seine Erfüllung fand.«... das heißt, als Gott den guten Willen des Kyrus erweckte und ihn bewegte, eine gutgesinnte und freundliche Haltung gegenüber einem kleinen Volk anzunehmen, das sein Königreich und seinen Tempel an die babylonischen Eroberer abtreten mußte...

Diese Erzählung beginnt also mit einem präzisen Datum. Es wird gesagt, wann und wo sich die dramatischen Ereignisse abspielten. Und es wird gesagt warum. Das Bestehen auf Genauigkeit zieht sich durch das ganze Buch Esra. Namen, Titel, Fakten: Der Chronist ist ein Mann von besonderer Gründlichkeit. Und von Anfang an will er uns versichern, daß dieses Kapitel jüdischer Geschichte in den großen Horizont der Weltgeschichte eingebettet ist. Von Anfang an ist deutlich, daß wir Zeuge eines bedeutenden Ereignisses werden, das der Text auf der einen Seite mit Kyrus, auf der anderen mit Jeremia in Verbindung bringt. Jeremia hatte das Ende des Exils vorausgesagt; jetzt, nach siebzig Jahren, war es Kyrus, der die Prophezeiung erfüllte. So wie Babylon von Gott erwählt war, Judäa zu bestrafen, war Kyrus erwählt, Babylon zu bestrafen. Selbst wenn das jüdische Volk es verdient, verfolgt zu werden, machen sich die Verfolger schuldig. Denn sie hätten Gott entgegenhalten können: Suche Dir jemand anderen als Werkzeug.

Lesen wir den ersten Satz des Buches noch einmal: Das erste Wort lautet: *U'wischnat*. Es beginnt mit einem *Waw*. »Und in dem Jahr...« Als ob sich der Chronist bereits mitten in der Geschichte befände, die er gerade fortsetzen will. Das Buch Esra, sagt Raschi ausdrücklich in seinem Kommentar, ist die Fortsetzung des Buches Daniel. Besser noch: Es ist die Antwort auf Daniel. Weil Daniel den Sinn der göttlichen Verheißung Jeremias in Zweifel zog, beabsichtigte das Buch Esra, ihm eine Antwort anzubieten: Siehe, Gott hält sein Versprechen. Nachmanides, der Ramban, zieht es vor, das Buch Esra nach dem Buch der Chronik zu plazieren, denn die letzten Verse der Chronik sind fast identisch mit den ersten Sätzen des Esra. Der Tur und der *Schulchan Aruch*, beides Kompendien der Halacha, sind der Überzeugung, daß Esras Buch dem Buch der Chronik vorangeht, während der Talmud – in der Abhandlung *Baba Batra* – den Gedanken vertritt, daß zwischen dem Buch Daniel und dem Buch Esra Platz für ein anderes Buch bleibt, das der Esther, dessen Handlung ebenfalls in Persien spielt. Alle sind von dem Buch Esra fasziniert, und man häuft Hypothese auf Hypothese, um seinen korrekten Platz in der

Schrift auszumachen. Und alles wegen diesem bescheidenen Buchstaben *Waw*, der schließlich etwas bedeuten muß. Nein, sagt der Radak mit seiner üblichen Entschiedenheit. Die Tatsache, daß die Erzählung mit einem *Waw* beginnt, hat nichts zu bedeuten. Es ist eine Frage des Stils, weiter nichts. Des biblischen Stils. Die Bibel liebt das *Waw* – wer will, mag der Bibel widersprechen.

Das alles klingt äußerst kompliziert, nicht wahr? Aber warten Sie ab, es gibt noch mehr Schwierigkeiten. Das zweite Wort des ersten Satzes lautet *achat*. Eins? Das *erste* Jahr der Herrschaft des Kyrus? Chronologisch unmöglich. Wir wissen, daß Kyrus einige Jahre lang König und Regent war, bevor er dem glorreichen Gedanken verfiel, ein Freund und Wohltäter des jüdischen Volkes zu werden. Eine andere Möglichkeit: Die Geschichte ereignet sich im ersten Jahr der Herrschaft des Kyrus über Babylon. Dritte Hypothese: *Achat* könnte einfach ein Jahr bedeuten, irgend ein Jahr. Es geschah eines Jahres, eines Tages… Der Stil antiker Märchen war nicht notwendigerweise auf Märchen begrenzt.

Darum entdecken wir in dieser scheinbar präzisen und konkreten Erzählung genug Verwirrendes. Oder wenigstens: genug Platz für Verwirrung. Die Siebzig-Jahr-Prophezeiung des Jeremia – von welchem Jahr an beginnt sie zu zählen? Von dem Jahr der Zerstörung des Tempels? Oder früher, von dem Tag, an welchem König Jojachim mit seinem Hofstaat nach Babylon verschleppt wurde? Viele Versionen wurden bereits vorgelegt – und mehr als eine wurde für wahr gehalten. Sollten wir also aufhören zu zählen? Und die Wahrheit um der Legende willen vernachlässigen? Und den Triumph der jüdischen Sehnsucht als eine schöne Geschichte betrachten, die sich eines Tages erfüllen wird? Und im Buch Esra und Nehemia eine Vorausahnung dessen sehen, was unsere Generation in unserer Zeit erlebte?

Wie immer beginnen historische Ereignisse mit Worten, und damals klangen jene Worte wie die Erfüllung einer Verheißung und wie ein Segen.

So sprach König Kyrus von Persien: »Der Herr, der Gott der Himmel, hat mir alle Reiche der Erde verliehen. Er ist es, der mir aufgetragen hat, Sein Heiligtum in Jerusalem in Judäa wieder aufzubauen. Jeder, der dorthin zurückkehren will – Gott sei mit ihm… Jeder, der lieber hier bleiben will, soll Gold und Silber und andere Geschenke denen mitgeben, die fortgehen, als Gaben für das Haus Gottes in Jerusalem…«

So nahm alles seinen Anfang.

Wie kann ein Volk seine Identität in feindlicher Umgebung wahren? Woher zieht es die Kraft, Ziele zu verfolgen, die von den mächtigen Feinden verachtet werden? Wo liegt die Quelle für seinen Mut und seine Entschlossenheit, eine Minderheit zu bleiben, anstatt sich in Babylon, in Rom, im Jemen oder anderswo zu assimilieren?

Die Geschichte von Esra und Nehemia ist in mehrerer Hinsicht erstaunlich. Erstens, wie kann man erklären, daß es in relativ kurzer Zeit so vielen Juden gelang, sich in Babylon hervorragend einzuleben? Zweitens ist zu fragen: Was hielt sie jüdisch, da sie sich so leicht an die babylonische Gesellschaft anpaßten? Diese Fragen könnten auf so viele Gemeinden in so vielen Ländern zutreffen.

Aber bleiben wir bei Esra und Nehemia, die es sich in Persien gut gehen ließen, bevor sie sich entschlossen, für die Renaissance ihres Volkes einzutreten.

Wer ist Esra? Obwohl er Agitator von Weltrang war, hat er keinen Sinn für Öffentlichkeitsarbeit. Es scheint, als wolle er sein Privatleben vor anderen verbergen. Wenn es möglich gewesen wäre, hätte er sein ganzes Buch in der Dritten Person geschrieben – anders als sein Kollege Nehemia, der es genießt, im Rampenlicht zu stehen. Esra ist großmütig; er spricht zu allen, er spricht über alle. Er allein bleibt im Schatten. Er rühmt Kyrus, zitiert dessen Erlaß bis ins Kleinste, stellt Listen von Personen und ihrer Habe auf, interessiert sich für alles, schenkt jedem Beachtung – außer sich selbst.

Was wissen wir über ihn? Nur das, was er uns preisgibt, und das ist herzlich wenig. Als Autobiographie läßt sein Buch viel zu wünschen übrig. Glücklicherweise gibt es den Midrasch mit seinen Ausführungen.

Da er in Babylon in einer priesterlichen Familie zur Welt kam, hält er nun wichtige Ämter im königlichen Palast inne. Als Schreiber? Vielleicht gar als Berater in jüdischen Angelegenheiten? Ist er es, der sich beim König durchsetzte, um Jerusalem wieder aufzubauen? Der biblische Text sagt uns nichts davon. Der Text sagt uns lediglich, daß er, Esra, anwesend war, als der Erlaß verkündet wurde. War er derjenige, der ihn erstellte? Ihn herausgab? Oder ihn wenigstens übermittelte? Gab es weitere Beamte, die den königlichen Erlaß verbreiteten? Sicher gab es andere, aber Esra spielt dabei die Hauptrolle. Er organisiert die erste *Alija*, die erste Rückkehr ins Heilige Land, er vereinigt mögliche Immigranten, ist aber selbst nicht Teil des Konvois. Warum nicht? Wir wissen es nicht. Esra, der Anführer, sendet andere nach *Eretz Israel*, er selbst aber bleibt zurück. Warum? Aus gesundheitlichen Gründen? Wegen familiärer Verpflichtungen? Wir wissen nicht einmal, ob er verheiratet war. Ein geheimnisvoller Schleier bedeckt auch den späteren Teil seines Lebens. Wann starb er? Wo? Flavius behauptet, sein Grab befinde sich in Jerusalem. Der große, reisende Rabbi, Benjamin von Tudela, jedoch ist ebenso wie Rabbi Petachja von Regensburg und Rabbi Jehuda Elcharizi überzeugt, daß er im Irak bei Basra beerdigt wurde.

Selbstverständlich werden solcherlei Diskretionen des biblischen Texts von den Kommentatoren und Exegeten des Midrasch ausgeglichen. Für den Midrasch ist Esra eine so außergewöhnliche Persönlichkeit, daß geschrieben steht: »Wäre Moses nicht Esra vorangegangen, dann hätte Gott durch *ihn* Seinem Volk die Tora gegeben.« Eine andere Quelle stellt fest: Wären Aron und er Zeitgenossen gewesen, hätte ihn Esra an Größe überragt. Als die Juden die Tora vergessen hatten, beharrt eine dritte Quelle, war er es, Esra, der sie ihnen wieder zurückgab.

Wie die meisten geheimnisumwobenen Personen fasziniert Esra seine Leser. Dabei sind es nicht nur Juden, die sich von ihm angezogen fühlen. Flavius, Spinoza, die Kirchenväter und der Koran – sie alle rühmen seine Kräfte und seine Errungenschaften. Er wird von Mohammed gepriesen, der behauptet, die Juden hätten in ihm einen Gottessohn gesehen. Nach Mohammed war Esra auch ein Wundertäter, der auf akrobatische Weise die Tora mit fünf Fingern schrieb: Er hätte fünf Schreibfedern in seinen fünf Fingern gehalten und schrieb damit fünf Worte gleichzeitig.

Die Version des Midrasch klingt noch poetischer. Esra zog sich zurück und diktierte fünf Schreibern die Lehren der Tora. Sie blieben vierzig Tage lang zusammen. Am ersten Tag hörte Esra eine himmlische Stimme, die ihm sagte: Öffne deinen Mund und trinke. Er gehorchte, und es wurde ihm ein Becher gereicht, der mit etwas gefüllt war, das sowohl Feuer als auch Wasser glich. Sein Mund öffnete sich, um zu trinken, und blieb die ganzen vierzig Tage lang geöffnet. Die Schreiber aber schrieben zeichenhafte Dinge nieder, die sie selbst nicht verstanden.

Der Midrasch schreibt, daß Esras Kräfte hier auf Erden wie in den Himmeln wirksam waren. Immer wenn das Volk Israel einen Fürsprecher brauchte, war er für es da. Einmal klagte er bei Gott über die Leiden Israels, während es den Heiden sehr gut ginge. Ein Engel namens Uriel versuchte, es ihm zu erklären, aber Esra fand die Antwort unbefriedigend.

Sonderbar, aber weder er noch Nehemia waren Propheten. Wirklich nicht? Eine talmudische Quelle will uns Glauben machen, daß Esra in der Tat ein Prophet war – unter anderem Namen: Maleachi. Ja, Esra wäre danach der letzte Prophet der Schrift. Aber wir wollen keine vorschnellen Schlüsse ziehen. In dieser Hinsicht ist Esras Fall nicht der einzige. Auch von Nehemia wird gesagt, er sei nicht er gewesen, er sei ein anderer gewesen, nämlich Serubbabel, der Stadthalter von Judäa, was uns nun zu Nehemia führt.

Wir haben bereits erwähnt, daß er sich sehr von Esra unterscheidet. Er hat nicht die gleichen Hemmungen wie Esra. Erfährt er eine Berufung zum Handeln, sagt er es. Ist er bestimmt, im Zentrum von entscheidenden Ereignissen zu wirken, läßt er es wissen. Ihm sind die Gefahren bewußt, die der Zurückhaltung innewohnen: Politische Führer können sich den Luxus der Bescheidenheit nicht leisten.

Er wurde in Schuschan, auch Susa genannt, geboren und erhielt eine gute jüdische Erziehung. Dies läßt sich aus seinem Namen ablesen, ebenso wie aus dem seines Vaters. Sein Vater heißt Hachalja, was *Chake-eleh* bedeuten kann: Warten auf Gott. Oder warten auf den Erlöser. Was den Namen Nehemia betrifft, so bedeutet er »der Trost Gottes«; oder der, der von Gott getröstet wird; oder der, der Gott trösten wird.

Nehemia hat Brüder. Einer von ihnen, Hanani, lebt in Jerusalem. Er ist es, der Nehemia eine Botschaft von Jerusalem und seinen Einwohnern überbringt. Später wird Nehemia ihm ein wichtiges Amt übertragen, das des Torwächters. Nehemia fürchtet nicht, der Vetternwirtschaft angeklagt zu werden. Er fürchtet sich nicht vor dem, was die Leute über seine Art, die Staatsangelegenheiten zu regeln, sagen. Schnell in seinen Entscheidungen, führt er die Dinge auf bestmögliche Weise aus.

Sein Beruf? *Maschke-lamelech* – der Mundschenk. Er ist verantwortlich für die königliche Bar. In dieser Eigenschaft ist er auch der offizielle Vorkoster. Er ist es, der dem König die Getränke reicht. Dies ist eine hohe Position im persischen Königreich, ebenso in anderen Staaten. Der König, immer in der Angst vor Mordanschlägen, braucht jemand, dem er vertrauen kann, jemand, der nicht von möglichen Verschwörern gekauft werden kann. Bestimmte Herrscher wechselten den Mundschenk alle zwei oder drei Jahre, damit sie nicht korrupt werden können: Neue Minister legen meist größere Loyalität an den Tag und sind erpicht darauf, dem Herrscher zu gefallen.

Nehemia, der sich ganz in der Nähe des Königs befindet, hat eine ideale Stellung inne, um sich mit ihm über seine Sorgen, seine Ängste, seine Pläne auszutauschen. Öffnen wir sein Buch. Wir schreiben den Monat Kislew des zwanzigsten Jahres, das heißt 445 Jahre vor unserer Zeitrechnung. »*Waani hajti be-Schuschan habirah*«, sagt der Autor. »Ich war gerade in der Hauptstadt Schuschan. An jenem Tag suchte mich mein Bruder Hanani mit mehreren Männern aus Judäa auf; ich fragte sie nach dem Schicksal der Geretteten, die übriggeblieben waren, und danach, was in Jerusalem vor sich ginge. Und sie berichteten mir von der Not und der Schande, in der sich die Überlebenden befinden. Die Stadtmauer von Jerusalem ist durchbrochen, und die Stadttore sind niedergebrannt. Als ich diese Worte hörte, fiel ich zu Boden. Wie in Trauer weinte ich und weinte tagelang ununterbrochen; ich fastete und flehte zu Gott im Himmel...«

Hier ist sein Portrait, ich hätte fast gesagt sein Selbstportrait. Das »Ich« dominiert die Seite. Er ist es, der sich in der Hauptstadt befindet; er ist es, der von der Delegation aus Judäa besucht wird; er stellt die Fragen, er nimmt den Bericht so schwer, er weint und fastet und fleht gen Himmel. Heute würde man ihn – wenigstens ansatzweise – einen Egoisten nennen. Tatsächlich erhärten einige talmudische Passagen diesen Eindruck. Eine Quelle behauptet gar, Nehemia hätte nicht nur sein eigenes, sondern auch Esras Buch geschrieben. Warum aber trägt es dann nicht seine Handschrift? Unsere Weisen fanden ihn ichbezogen. »*Zachra li elochim letowah*«, sagt Nehemia. Gott hat sich meiner gütig erinnert, Gott hat mich belohnt, weil ich Judäa geholfen habe, seine schwierigen und tragischen Probleme zu überwinden. Er? Er allein? Wie steht es mit Esra? Und mit Serubbabel? Nehemia hält nicht allzuviel von ihnen, darum wird er bestraft. Man folgere daraus jedoch nicht, daß er im Talmud keine Achtung und Zuneigung ernte. Er tut es. Einige Weise heben ihn in schwindelnde Höhen. Sie stellen ihn auf eine Stufe mit dem Messias – fast jedenfalls. Wie lassen sich diese beiden Sichtweisen, diese beiden Befunde in Einklang bringen? Ganz einfach. Wie wir bereits wissen, favorisiert der Talmud keine makellose großen Männer. »Nobody is perfect« könnte ein talmudisches Sprichwort sein. Der perfekte Weise ist per definitionem nicht perfekt.

Aber verlassen wir unsere Hauptfiguren, um zu der Geschichte zurückzukehren, die uns interessiert – eine Geschichte, in der sie nicht die einzigen Helden sind. Da gibt es noch Scheschbazzar und Serubbabel. Letztere vollzogen die *Alija* viel früher als Esra und längst vor Nehemia, der älter als Esra war. Um die Bedeutung ihrer Rückkehr zu ermessen, müssen wir, wenn auch flüchtig, auf das Exil eingehen, das der Rückkehr vorausging.

Die erste nationale Tragödie ereignete sich im Jahre 595 vor unserer Zeitrechnung, als König Nebukadnezzar von Babylon König Jojakim mit seinem Gefolge nach Babylon verschleppte, wo sie siebenunddreißig Jahre lang Gefangene blieben. Die königliche Familie wurde ständig gedemütigt, gequält und der Schande des Hungers unterworfen. Der königliche Sieger zeigte gegenüber seinem königlichen Gefangenen keine Großherzigkeit, keine Gnade, keine Sympathie, was für die damalige Zeit durchaus unüblich war. Scheinbar trug Nebukadnezzar eine gewisse Kälte gegenüber jüdischen Herrschern in seinem Herzen. Erst als sein Sohn Ewil-Merodach im Jahre 562 den Thron bestieg, verbesserte sich das Los Jojakims. In der Zwischenzeit waren zu Hause so viele Dinge geschehen... Wußte er davon, dieser erbarmungswürdige, eingekerkerte König? Wußte er, daß sein Königreich ausradiert war, seine Stadt verwüstet, sein Palast zerstört, sein Tempel in Asche verwandelt? Weit entfernt von zu Hause war er weder Opfer noch Zeuge der zweiten Katastrophe, die sich im Jahre 586 vor der Zeitrechnung abspielte.

Man muß die Klagelieder des Jeremia lesen, um die Not verstehen zu können, die Jerusalem nach ihrem Untergang befiel. Überall Ruinen. Überall Verwüstung. Verzweiflung in jedem Hause, in jedem Herzen. Dennoch, das eigentliche Exil, der große Massenexodus geschah genau vier Jahre später, im Jahr 582. Das heißt, während der vier Jahre dazwischen existierte ein organisiertes jüdisches Leben im besetzten Jerusalem weiter. Gemäß einer alt bewährten Politik erlaubte Babylon den besetzten Ländern, das normale Leben weiterhin aufrecht zu erhalten, um die Militärpolitik des Eroberers zu finanzieren. Feindlich gesinnte wie willfährige Führer und Oberhäupter wurden verschleppt, die lebenswichtigen Strukturen des eroberten Landes jedoch blieben unangetastet. Warum also kam es zu der allgemeinen Grausamkeit im Jahre 582? Weil der von Babylon eingesetzte Gouverneur Gedalja, Sohn des Ahikam, von einer Gruppe Zeloten ermordet wurde, die von einem gewissen Jischmael ben Netanja angeführt wurde. Es ist der Erwähnung wert, daß Gedalja von seinem Freund Johanan ben Kareach vorgewarnt wurde, er aber sich weigerte, ihm Glauben zu schenken. In seiner Naivität konnte Gedalja nicht glauben, daß Juden es fertig bringen, Juden zu töten. Seine Naivität wird von gewissen talmudischen Meistern hart kritisiert, die ihn für die Rache verantwortlich machen und für die Massendeportationen, die sie nach sich zog. Der babylonische Feind hatte begriffen, daß die Juden nicht bezwungen werden können, solange sie in Kontakt mit ihrem Land bleiben würden. General Nebusaradan deportierte siebenhundertfünfundvierzig Personen (oder Familien, oder Clans): Sie hatten die letzte lebende Gemeinde von Judäa ausgemacht. Nach ihrem Verschwinden wurde das Land von den Edomitern und Ammonitern besetzt. Aus all dem hätte man damals schließen können, die jüdische Geschichte sei an ihr Ende gelangt – wie es so vielen anderen Nationen widerfahren ist, die von den großen Mächten jener Zeit zerrieben worden waren.

An diesem Punkt zog die Hälfte der jüdischen Bevölkerung nach Babylon, die andere Hälfte suchte freiwillig in Ägypten Zuflucht. Jeremia, der zehn Tage und Nächte mit Gebet und Meditation zubrachte, verkündete, er bevorzuge eine weitere Alternative, nämlich alles mögliche zu unternehmen, um im Land der Vorfahren zu bleiben, trotz des Feindes und seiner Dekrete. Aber niemand schenkte Jeremia Beachtung. Seine Gedanken wurden mit Ärger und Entrüstung aufgenommen. Er wurde als Lügner beschimpft, als falscher Prophet.

Denn – erinnern wir uns daran – mit der Ausnahme der königlichen Familie ging es den anderen Juden im Land ihres Exils nicht allzu schlecht. Sie hatten Jeremias frühere Ermahnungen ernst genommen. Noch vor dem Untergang Jerusalems hatte er sie in einem berühmten Brief angewiesen:

»Baut euch Häuser und wohnt darin; pflanzt Gärten und eßt ihre Früchte; nehmt euch Frauen und empfangt Söhne und Töchter; nehmt euch Frauen für euere Söhne und verheiratet euere Töchter, damit sie Söhne und Töchter zur Welt bringen; mehrt euch, werdet nicht weniger. Und sucht Frieden für die Stadt, in die ihr verschleppt worden seid, und betet für ihr Wohlergehen.«

Die jüdische Gemeinde in Babylon konnte nicht klagen. Die örtlichen Behörden waren für ihre Bedürfnisse verantwortlich. Jüdisches Leben war wahrlich jüdisch, so sehr, daß Esra es mehr lobte als das Erscheinungsbild der jüdischen Gemeinden, das, wenn auch jämmerlich und erbärmlich, hier und da in Judäa noch bestand. Esra betrachtete die neuen Einwanderer jüdischer als die Einwohner. Warum? Erstens, weil die Elite in Gefangenschaft geführt worden war; zweitens, weil die judäischen Juden ohne geistige Führer weder lebendige Gemeinden bilden noch ihrem Auftrag absolut treu bleiben konnten. Im babylonischem Judentum gab es mehr Tradition, mehr Studium, mehr Frömmigkeit, mehr Kreativität.

Man erinnere sich: Tausend Jahre sind verstrichen seit die die zwölf Stämme Israels unter dem Kommando Josuas im Land Kanaan angekommen waren – getragen von einer göttliche Vision, die ihr Vordringen unaufhaltsam und ihren Sieg unwiderruflich machte. Die Richter, die Propheten, die Könige, die Generäle, die Leviten, die Priester, die Träumer – wozu diese ganze Geschichte? Sollten alle ehrgeizigen Pläne, alle Kämpfe, alle Siege nun in eine Kapitulation vor dem Feind münden? Von den zwölf Stämmen waren zehn über alle Welt zerstreut; was ist aus der Größe der zwei verbliebenen geworden? Was war übrig von dem einstigen Höhepunkt ihres Ruhms?

In Babylon erfuhren die Juden unter chaldäischer Herrschaft die unterschiedlichsten Regierungen. Sie litten unter Nebukadnezzar, atmeten die Luft der Freiheit unter Ewil-Merodach und seufzten erneut unter Nabonidus. Denn die Geschichte ist niemals zu Ende; sie schreitet in ihrem je eigenen Tempo voran und hat Einfluß auf das Schicksal von Nationen und Weltmächten. Selbst absolute Macht währt niemals ewig. Die Sieger von gestern sind die Opfer von heute. Nabonidus machte sich eine neue Politik der Unterdrückung zu eigen und glaubte, Grausamkeit könne den Menschen in den Stand Gottes erheben; er irrte. Unsterblichkeit kann man weder durch Blutvergießen noch durch Feuer und Schwert erreichen. Noch regierte Nabonidus mit Furcht und Terror als bereits ein neues Reich am Horizont aufstieg; dessen Führer, Kyrus, besiegte Babylon und errichtete das persische Königreich, das zwei Jahrhunderte lang Bestand haben sollte. Die Niederlage des Nabonidus brachte den Juden frohe Zeiten; für sie schloß sich der Kreis. Ein neuer Kreis sollte sich öffnen, einer, der Freude und Trost mit sich brachte und vor allem, ein wiedererwachtes Gefühl der Freiheit...

Warum war Kyrus gut zu den Juden? Es gibt Legenden im Midrasch, die ein gewisses himmlisches Eingreifen erwähnen. Eines Tages – oder in einer Nacht – hatte Belschazzar, der König Babylons, den geschmacklosen Einfall, ein Essen zu geben, bei welchem die Gäste mit Gefäßen und Utensilien bedient werden, die aus dem Tempel von Jerusalem geraubt waren. Genau da entschied Gott, genug sei genug: Babylon müsse seine Macht abtreten. An wen? An Persien. Kyrus, der die Bedeutung von Jerusalem erkannte, beschloß, die Stadt wiederaufzubauen. Andere Legenden lassen Daniel eine Rolle dabei spielen. Aber alle hegen den Gedanken, daß die pro-jüdischen Gefühle des Kyrus darauf zurückgehen, daß Gott sein Wohlgefallen an ihm hatte. Historisch gesehen, war Kyrus allen eroberten Völkern gegenüber freundlich gesinnt. Für ihn war es eine Frage der Taktik. Selbst gegen Babylon war er großmütig. Warum? Weil er Babylon eroberte, ohne auf Widerstand zu stoßen. Während Nabonidus und seine Berater zügellose Orgien veranstalteten, besetzte die persische Armee die ganze Stadt ohne einen Zwischenfall. Aus Dankbarkeit befahl Kyrus seinen Soldaten, die Einwohner freundlich zu behandeln und besonders die Ausländer in Frieden zu lassen. Außerdem ordnete er an, daß alle Götzen und religiösen Gegenstände, die von anderen Völkern gestohlen worden waren, zurückgegeben werden müssen – einschließlich derer aus Judäa.

Dann erließ er das historische Edikt, das den Juden freistellte, nach Hause zurückzukehren und ihr Heiligtum wiederaufzubauen. Er befahl, es solle eine Expedition zusammengestellt werden. Wer sollte sie anführen? Weder Esra noch Nehemia, sondern Prinz Scheschbazzar, der vierte Sohn des Jojakim; später wurde sie von Serubbabel geleitet. Beide Männer hatten in der babylonischen Diaspora eine entscheidende Rolle gespielt...

Scheschbazzar verschwindet rasch aus der Erzählung. Ebenso Serubbabel, der jedoch ein wenig länger verweilt. Schließlich ist Serubbabel eine wichtige Persönlichkeit.

Er ist wie Esra eine legendäre Gestalt. Wie die meisten Gerechten kam er bereits beschnitten zur Welt. Er hatte den Posten des Expeditionsführers unter der Herrschaft König Darius' inne; folgendermaßen kam es dazu: Nach einer guten Mahlzeit schlief Darius ein. Um Zeit zu vertreiben, spielten die drei Leibwächter Rätselraten. Was ist das Mächtigste der Welt? Der erste antwortete: Wein. Der zweite antwortete: der König. Der dritte – Serubbabel – sagte: Frauen. Aber sogleich korrigierte er sich: Die Wahrheit, sie sei noch stärker. Darius war inzwischen halb wach und verfolgte die Unterhaltung. Er sagte: Serubbabels Antwort gefällt mir am besten. Er wollte ihn belohnen, aber Serubbabel – höflich wie er war – wies alle Belohnungen zurück. Alles, was er wollte, war, den Tempel in Jerusalem wiederaufzubauen.

Eine andere Legende gibt vor, der Engel Matatron sei Serubbabel besonders zugeneigt gewesen. Nur der Engel? Die *Schechina* selbst, die göttliche Einwohnung, ruhte auf ihm und stattete ihn mit prophetischen Gaben aus. Gelegentlich sprach Serubbabel mit dem Messias persönlich. Die apokryphe Literatur macht Serubbabel zu einem ihrer Lieblingshelden. Sie behauptet, Serubbabel hätte das Geheimnis der Erlösung entdeckt, doch noch war er nicht frei, es zu enthüllen. Wenn er aber so groß, so besonders war, warum ist er so plötzlich von der Bildfläche der Geschichte verschwunden?

Wie dem auch sei, Serubbabel leitete den ersten Konvoi ins Heilige Land und begann mit dem Wiederaufbau. Der Text beschreibt die Expedition in jeder Einzelheit. Gab es noch mehr Gefangene, die nach Hause zurückkehrten? Rasch erfahren wir alles über sie: Sie zählten 42 360 Personen, führten mit sich 736 Pferde, 435 Kamele, 6720 Esel; wir wissen genau wieviel Gold und Silber in ihrem Besitz war – ihr eigenes und das, das ihnen ihre Brüder für den Tempelbau mitgegeben hatten. Wir wissen auch, wieviele Diener sie begleiteten. Um sie auf ihrem sechshundert Meilen langen Weg zu beschützen, gewährte Kyrus ihnen bewaffneten Begleitschutz von eintausend Soldaten.

Die Reise, die in jenem Frühjahr begann, dauerte vier oder fünf Monate. Kein Zwischenfall, kein Hindernis, kein Mißverständnis, kein Problem markierte den Weg: Alle fühlten sich beschützt, erbaut, gesegnet. Als sie Babylon verließen, blickten die babylonischen Juden ihnen mit einer Mischung aus Neid und Bewunderung nach: Jene, die Teil des Konvois waren, *machten* Geschichte, während die, die zurück blieben, Objekte der Geschichte waren.

Die Stimmung der Juden, als sie zu Hause ankamen? Lesen wir aus dem Psalm 124: »*Beschuw adoschem et schiwat Zion, hajinu kecholmim* – Als Gott uns nach Hause zurückkehren ließ, glaubten wir zu träumen... Unser Mund war voll Lachen, unsre Zunge voll Gesang.«

Aber Serubbabel und seine Freunde müssen in Jerusalem auch Traurigkeit gespürt haben. Die Stadt Gottes war verlassen. Das Heiligtum und der Tempel: Steinhaufen und Geröll. Die Stadt, in der Gott und die Menschen einst ihren Bund gefeiert hatten, lag nun leblos, vom Tod gezeichnet da.

Zusammen mit dem Hohepriester Jehoschua verschwendeten die Begleiter Serubbabels keinen einzigen Tag. Ohne Umschweife begannen sie die Arbeit, um den Glanz und die Schönheit der Stadt, die sie so sehr geliebt und vermißt hatten, wieder herzustellen. Dem Bau des Altars wurde absolute Priorität eingeräumt, um den heiligen Gottesdienst nicht länger zu verzögern, danach kam das Heiligtum. Die ganze Bevölkerung beteiligte sich an der Arbeit. Die Einweihungsfeier war ehrwürdig und prachtvoll. Priester und Leviten gekleidet in ihren rituellen Gewändern leiteten den Gottesdienst, Musiker spielten ihre Instrumente und das Volk antwortete mit Leidenschaft und dankte Gott für den Ausdruck seiner Gnade, die Er dem Volk Israel erwies. Und – hören wir den folgenden Abschnitt: »Da waren Priester, Leviten und Alte, die sich an den ersten Tempel erinnerten und deshalb ihre Tränen nicht zurückzuhalten vermochten; sie weinten lauthals, während die Jüngeren vor Freude riefen, so daß man nicht zwischen dem Klang des Weinens und dem Klang des Singens unterscheiden konnte.«

Warum weinten die alten Männer? Weil sie sich erinnerten, daß der erste Tempel größer war, sagt Raschi. Der Talmud führt aus: Dem zweiten Tempel fehlte der Schrein und die Kerubim, ebenso das ewige Licht, das im ersten Tempel auf wundersame Weise das Feuer des Altars entflammte, auch fehlte die göttliche Gegenwart und der prophetische Geist... Diese Erklärungen scheinen plausibel, aber es gibt noch eine andere, es muß noch eine andere geben. Hier ist sie: Jene, die sich des ersten Tempels erinnerten, erinnerten sich auch an sein Ende. Deshalb weinten sie: Sie hatten Angst, auch der zweite Tempel könnte eines Tages zerstört werden.

Aber warum ist Esra noch in Babylon? Warum hat er die *Alija*, den »Aufstieg« ins Heilige Land, nicht selbst vollzogen, er, der andere dazu gedrängt hat. Warum hat er als zionistischer Führer nicht die Notwendigkeit gesehen, durch gutes Beispiel voranzugehen? Wollte er als Beispiel für jene zionistischen Führer gelten, die es – gestern und heute – für angebracht halten, den Weg nicht selbst zu gehen? Hat er ihnen damit gezeigt, wie sie ihr abweichendes Verhalten rechtfertigen können, nämlich indem sie sagen, sie würden in der Diaspora dringender gebraucht? Der Text macht zu diesem Thema keine klaren Aussagen.

Der Midrasch ist deutlicher. Er gibt eine menschlichere und phantasievollere Erklärung: Esra war demnach Jünger des Propheten Baruch ben Neria, den er nicht verlassen und dessen Lehren er nicht aufgeben wollte; er zog es vor, ein Schüler statt ein Führer zu sein. Aber man könnte eine weitere Frage stellen: Warum ist Baruch ben Neria nicht selbst nach Jerusalem hinaufgezogen? Vielleicht war er zu alt, um eine solch strapaziösen Reise zu unternehmen. Da Esra ihn nicht allein zurücklassen wollte, zeigt er sich als mitfühlender und selbstloser Mensch. Eine weitere Erklärung: Esra hatte Angst, den Hohepriester Jehoschua ben Jehozadak in Verlegenheit zu bringen, der in Jerusalem seines Amtes waltete. Da Esra gebildeter und berühmter war als er, bestand die Gefahr, daß die Leute ihn drängen würden, Jehoschuas Platz einzunehmen. Deshalb wartete er ab. Er kam erst nach Jerusalem, nachdem der Hohepriester gestorben war.

In der Tat war es Esra, der die zweite *Alija* anführte, die viele Jahre später stattfand. Die Reise dauerte drei Monate und der Konvoi war kleiner als der erste: 1746 Männer. Wie bereits erwähnt, bot Kyrus ihnen militärischen Schutz an, aber Esra – anders als später Nehemia – lehnte das Angebot ab: Er vertraute mehr auf Gebete. Er erbat sich von dem König lediglich eine Erlaubnis, die er schließlich erhielt und die fünf Teile umfaßte:

1. Jedem, der es wünscht, das Recht einzuräumen, ihn zu begleiten.

2. In Judäa und seiner Hauptstadt nachprüfen zu können, ob die Bevölkerung gemäß den Weisungen der Tora lebt.

3. Finanzielle Unterstützung mit nach Jerusalem nehmen zu dürfen.

4. Priestern, Leviten und dem Tempelpersonal einen steuerfreien Status zu gewähren.

5. Im ganzen Land ein Rechtssystem aufzubauen.

Der König konnte ihm nichts verweigern. Aber kaum war Esra mit der königlichen Ernennungsurkunde in der Hand in Judäa angekommen, sah er sich mit einem neuen Problem konfrontiert. Von den Würdeträgern vor Ort erfuhr er, daß eine ganze Reihe von Bürgern, darunter einflußreiche Personen, nichtjüdische Frauen geheiratet hatten. Wie viele? Einhundertdreizehn. Man übergab ihm eine Akte, in der Namen und Titel verzeichnet waren. Esra war außer sich. Er zerriß sein Gewand, zupfte seine Barthaare und blieb den ganzen Tag sprachlos, bis der Abendgottesdienst begann; dort erhob er sich zu einer flammenden Scheltrede. Woher kommt diese Überreaktion? Schließlich waren die Frauen zum jüdischen Glauben übergetreten, hielten sich an die jüdischen Vorschriften und nahmen das jüdische Schicksal als ihr eigenes an. Rechtlich gesehen waren sie jüdisch, ebenso wie ihre Kinder. Warum sollten sie nun ausgeschlossen werden? Vielleicht war es der Schock. Esra hatte erwartet, eine andere Lage vorzufinden; Hochzeiten mit Nichtjuden gab es in der babylonischen Diaspora nicht. Dort waren die Juden sehr streng. Die Assimilation stellte keine wirkliche Gefahr dar. Esra berief eine Art Gericht oder Senat ein, um die Situation in Judäa zu klären. Alle Männer, deren Frauen nicht als Juden geboren waren, mußten sich registrieren lassen und schwören, daß sie ihre Frauen und Kinder verließen. Nicht alle gehorchten. Esra weinte, flehte sie an, warnte sie, bedrohte sie; dennoch, sein Erfolg war begrenzt. Tatsache ist, daß dreizehn Jahre später, als Nehemia ankam, die beiden Führer ihre Bemühungen verstärken mußten, um die Aufsässigen zu überzeugen, ihren Forderungen nachzugeben.

Dennoch, während jener dreizehn Jahre war Esras Autorität in ganz Judäa unbestritten. Ausgestattet mit der säkularen Macht, die ihm der persische König übertragen hatte, und den spirituellen Kräften, die er selbst in sich trug, war er praktisch und theoretisch der Herrscher über das Land: Er hatte die Macht über Leben und Tod der jüdischen Bürger, so stand es in dem königlichen Brief. Trotzdem zog es Esra vor, nicht auf Furcht zu setzen, sondern auf die Intelligenz der Leute und ihren Sinn für Solidarität. Als ausgezeichneter Lehrer und Sozialarbeiter führte er zehn Regeln ein: die Tora am Sabbat zu lesen, ebenso am Montag und Donnerstag; streng den Sabbat zu halten; montags und donnerstags Gericht zu halten; die Wäsche am Donnerstag, nicht am Freitag zu waschen; am Freitag Knoblauch zu essen, denn es ist gesund; Brot schon frühmorgens zu backen, damit es für die Bettler fertig sei, wann immer sie auch kommen; den Frauen das Tragen von Gürteln zu erlauben; das Haar zu kämmen, bevor man das rituelle Bad nahm; Gebet und Studium als Alternativen zu Opfergaben zu betrachten; fahrenden Händlern zu erlauben, Frauen kosmetische Artikel zu verkaufen. Auch gründete er ein Erziehungssystem, etablierte die erste Gruppe von Toraschreibern, die zu Vorläufern der späteren *Tannaiten* – jener der rabbinischen Periode – wurden; und er änderte die Schrift von Kanaanitisch zu Assyrisch, was einfacher zu lesen war. Überhaupt, lesen war seine Leidenschaft, seine Obsession. Besser als irgend jemand seiner Zeit hatte er verstanden, daß das jüdische Volk ohne das Studium der Heiligen Schriften keine Chance zum Überleben hätte. Dennoch war dieser Bereich nicht Bestandteil der königlichen Charta, die er erhalten hatte. Dies war seine eigene Leistung. Und als er zum ersten Mal dem ganzen Volk in Judäa die Tora vorlas, müssen uralte Erinnerungen an das Geschehen am Sinai wach geworden sein.

Wir wissen, wann es geschah. Am ersten Tag des Monats Tischri im Jahr 444 vor der Zeitrechnung versammelte Esra das ganze Volk beim Wassertor in Jerusalem. Während er auf einem erhöhten, hölzernen Gerüst stand, las er die Tora laut vor und vermittelte den unzähligen Zuhörern das Gefühl, am Brennpunkt der Geschichte zu stehen. Sie alle weinten. Sie weinten, als sie die Drohungen hörten, die das Nichtbeachten der Weisung Gottes betrafen, und sie weinten angesichts der Versprechen für gutes Verhalten. Jener Tag war ein Schicksalstag.

Nehemia war bereits anwesend. Sie beide setzten das Ereignis in Szene. Sie waren ein perfektes Team. Man kann vermuten, Nehemia hätte als Regieassistent gedient, Esra als Bühnendirektor. Beide besaßen wohl einen Hang zum Dramatischen, zur theatralen Inszenierung. Als sie im Jahre 515–516 vor der Zeitrechnung, siebzig Jahre nach der Zerstörung des ersten Tempels, den neuen Tempel einweihten – besser: wiedereinweihten – fühlte sich die Nation beflügelt, nahe der Ekstase.

Atemlos liest sich der Bericht der Einweihung der neuen Stadtmauer um Jerusalem. Zwei Chöre von Leviten sangen, einer von Esra, der andere von Nehemia geleitet; sie kamen aus zwei verschiedenen Richtungen. Als sie zusammentrafen, war das versammelte Volk überwältigt von der Feierlichkeit der Szene.

Die Feier markierte den Sieg Nehemias über die Feinde vor Ort, die Ammoniter und die Schomroniter, die immer und immer wieder versucht hatten, durch Intrigen, Denunzierungen und Anschläge die Errichtung der Mauern zu sabotieren. Nehemia mußte eine Art Bürgerwehr zusammenstellen, um sie zu bekämpfen. Sein eigener Bericht der Angelegenheit verdient es, gelesen zu werden:

»Die Feinde bezogen im tiefergelegenen Gelände hinter der Mauer bei den Breschen Stellung; ich aber stellte die Leute in Gruppen auf, bewaffnet mit Schwertern, Lanzen und Bogen. Als ich ihre Angst sah, erhob ich mich und sprach zu den Vornehmen, den Beamten und dem ganzen Volk: ›Fürchtet sie nicht, vertraut dem Herrn, der groß ist und furchtgebietend, und kämpft für euere Sippen, euere Söhne und Töchter, euere Frauen und Häuser.‹

Unsere Feinde erfuhren, daß uns ihr Vorhaben bekannt geworden war; und so vereitelte Gott ihre böse Absicht; darum kehrten wir zur Mauer zurück, jedermann zu seiner Arbeit. Von da an fuhr die Hälfte meiner Männer mit der Arbeit fort, die andere Hälfte trugen Lanzen und Schilde und Bogen und Panzer, um das ganze Volk von Judäa bei seiner Arbeit zu unterstützen. Auch die Arbeiter waren bewaffnet; mit der einen Hand arbeiteten sie, in der anderen trugen sie eine Waffe. Die Bauleute hatten ein Schwert um die Hüften gegürtet während sie bauten. Und der Hornbläser stand ständig neben mir. Ich sagte zu den Leuten: ›Die Arbeit ist weit ausgedehnt, und wir stehen auf der Mauer weit voneinander entfernt; deshalb, sofort wenn ihr den Signalton hört, kommt

schnell zu uns. Unser Gott wird für uns kämpfen.‹ So ar-
beiteten ich und meine Männer: Die Hälfte hielten ihre
Lanzen bereit von der Morgenröte bis zum Aufgang der
Sterne. Auch sagte ich dem Volk: ›Jeder von euch, Män-
ner und Diener, soll in Jerusalem bleiben, um in der
Nacht für die Wache, am Tag für die Arbeit da zu sein.‹
Weder ich noch mein Gefolge noch die Wachmann-
schaft, die mich begleitete, keiner von uns zog seine Klei-
der aus; jeder hielt die Waffe in seiner Hand.

Nun, als Sanballat und Tobija und Geschem, der
Araber, und unsere übrigen Feinde erfuhren, daß ich
die Mauer erbaut hatte und daß in ihr keine Lücke
mehr war (obwohl ich damals die Tore noch nicht in
die Torbogen eingesetzt hatte), ließen Sanballat und
Geschem mir sagen: ›Komm, wir wollen uns in einem
Dorf in der Ebene von Ono treffen.‹ Sie führten Böses
gegen mich im Schilde. Aber ich schickte ihnen Boten
mit der Antwort: ›Ich arbeite gerade an einem großen
Werk und ich kann nicht kommen. Warum sollte die
Arbeit stocken, wenn ich sie verlassen und zu euch
kommen würde.‹ Viermal schickten sie mir die gleiche
Einladung, und jedesmal gab ich ihnen die gleiche Ant-
wort. Da schickte Sanballat zum fünften Mal seinen
Diener; er brachte mir einen offenen Brief. Er schrieb:
›Unter den Völkern geht das Gerücht um – und Ge-
schem bestätigt es –, daß du mit den Juden einen Auf-
stand planst und daß ihr deshalb die Mauer baut; du
willst ihr König werden, sagen die Leute. Was die Leute
sagen, wird dem König zu Ohren kommen. Darum
komm, wir wollen über die Sache reden.‹ Darauf sandte
ich ihm folgende Botschaft: ›Nichts von all dem, was du
sagst, ist geschehen. Das hast du alles selbst erfunden!‹
(Denn sie alle wollten uns einschüchtern; sie dachten:
›Dann lassen sie die Hände von ihrer Arbeit, und sie
wird nie getan werden.‹ Nun aber, stärke Du unsere
Hand!)

Als ich in das Haus Schemajas, des Sohnes Delajas,
des Sohnes Mehetabels ging, der sich dort zurückzog,
sagte er: ›Gehen wir zusammen in das Haus Gottes, in
den Tempel, und verschließen wir die Türen, denn sie
kommen, um dich zu töten – ja, sie kommen des
nachts, um dich zu töten!‹ Ich aber sprach: ›Sollte ein
Mann wie ich davonlaufen? Übrigens, wer würde in
den Tempel gehen, nur um sein Leben zu retten? Ich
gehe nicht hin.‹ Ich erkannte ganz deutlich, daß nicht
Gott ihn geschickt hatte; er handelte als falscher Prophet
gegen mich, weil Tobija und Sanballat ihn bestochen
hatten, mich einzuschüchtern, damit ich eine solche
Sünde begehe; dann gäbe es einen Skandal und sie wür-
den mich verächtlich machen. Oh mein Gott, erinnere
dich gegen Tobija und Sanballat und der Prophetin
Noadja und den übrigen Propheten, die mir Angst ma-
chen wollten!

Am fünfundzwanzigsten Tag des Monats Elul war die
Mauer vollendet, in zweiundfünfzig Tagen.«

Mit Esra und Nehemia begann eine neue Ära in der jüdischen Geschichte. Der zweite Commonwealth hatte sechshundert Jahre Bestand, war aber nur achtzig Jahre lang völlig unabhängig. Eine turbulente Geschichte brachte internationale Umwälzungen hervor. Das persische Weltreich
wurde von den Griechen besiegt, die wiederum von den Rö-
mern besiegt wurden.

Dennoch, die Errungenschaften Esras und Nehemias er-
wiesen sich als unvergänglich. Zusammen schrieben sie die
erste Verfassung der menschlichen Geschichte – in der
Schrift wird sie als *Omna*, als Charta, als Bund, bezeichnet.
Sie wurde von hundertzwanzig der Obersten, der Männer
der *Knesset hagdola*, der Großen Versammlung, unterzeichnet und verdeutlichte die Grundsätze, die Verpflichtungen, die Prinzipien der Beziehung zwischen Volk und
Staat. Alle hundertzwanzig Namen sind überliefert. Nehe-

mias Name findet sich dort – aber der Esras? Er scheint zu fehlen. Scheint? Einige sagen, der Name Asarja, der dort auftaucht, sei eigentlich ein anderer Name für Esra.

Als Mitglieder der Großen Versammlung waren Esra und Nehemia die Heiler der Nation. Sie gaben ihr den Glauben an Gott und an sich selbst zurück. Ein Midrasch schreibt: »Warum wurden sie die Männer der Großen Versammlung genannt? Weil sie den Glanz der Krone Gottes wiederherstellten.« Moses sagte: »*Hakel hagadol haguibor wehanora* – Gott, der groß ist und ehrfuchtgebietend und mächtig...« Daniel sagte: Fremde haben Seine Kinder versklavt, wo ist Seine Macht? Deshalb hörte er auf, *haguibor* zu sagen. Jeremia sagte: Feinde sind in Sein Heiligtum eingedrungen – wie kann Er Ehrfurcht gebieten? Und er hörte auf *hanora* zu sagen. Dann kamen die Männer der Großen Versammlung und sprachen: Er ist stark, weil Er Seinen Zorn beherrscht; Er ist ehrfurchtgebietend, denn, wäre Er es nicht, wie hätte ein kleines Volk unter so vielen feindlichen Nationen überleben können? Und sie stellten die Attribute der Krone Gottes wieder her.

Kommen wir zum Schluß: Auch unsere Generation hat Schwierigkeiten, bestimmte Worte in unseren Gebeten auszusprechen, Worte des grenzenlosen Lobpreises und des ewigen Vertrauens. Wir sprechen sie trotzdem.

Vor kurzem laß ich eine Geschichte über den letzten Rabbi von Kretchnew. Ich kenne ihn aus meiner Heimatstadt in den Karpaten. Im Zug, der ihn und seine Schüler, tausend Juden von Sighet, in das Königreich der Nacht verschleppte, tröstete er seine Jünger: Es steht geschrieben, sagte er, daß, wenn der Messias kommt, Gott, gesegnet sei Sein Name, ein *machol*, ein Tanz für die Gerechten, aufführen wird. *Machol*, sagte der Rabbi, könnte auch von dem Verb *limchol* kommen: vergeben. Eine Zeit wird kommen, sprach der Rabbi von Kretchnew, dann werden die Gerechten Gott vergeben, gesegnet sei Sein Name.

Esras Ende? Es liegt im Dunkeln wie der Tod des Nehemia. Beide Männer verschwinden leise, wie auf Zehenspitzen. Einige Legenden wollen uns Glauben machen, daß beide nach Babylon zurückkehrten, um beim König für ihre Brüder in Judäa einzutreten. Von Nehemia wird gesagt, daß er zurückkehrte, weil er dem König sein Wort gegeben hatte. War er ein *Jored*, ein Auswanderer aus Israel, mit einer guten Ausrede?

In vielen Dingen erinnert unsere Zeit an die damalige. Das Ende eines bestimmten Exils; die Wiedererrichtung eines jüdischen Staates auf dem Boden der Vorfahren; die Zurückeroberung Jerusalems. Die Probleme, die Spannungen zwischen Israel und der Diaspora. Babylon und Jerusalem. Das Zentrum und die Peripherie. Die Beziehungen zwischen einem kleinen aber energischen Volk und seinen Nachbarn und darüber hinaus mit den großen Weltmächten. Was ist Amerika von heute, wenn nicht das Persien von gestern? Was hat sich seit jenen Tagen verändert? Auch heute müssen wir die Geheimnisse und die Schönheit der Tora jeden Tag aufs Neue entdecken. Auch heute müssen wir immer wieder den Glauben erneuern, daß die jüdischen Gemeinden der ganzen Welt vereint sind. Wie zu Esras Zeiten spiegeln unsere Traurigkeit und unsere Freude die Traurigkeit und Freude wider, die in Jerusalem besteht. Wie zu Esras und Nehemias Zeiten ist das jüdische Schicksal überall dasselbe.

Feier der Erinnerung:
Ester

ES WAR EINMAL IN EINEM FERNEN, FERNEN LAND, dort lebten ein König und seine Königin...

Es wäre unmöglich – vielleicht unpassend – diese Geschichte anders zu beginnen. Denn wir haben es hier mit einem ganz und gar unkomplizierten und doch bezaubernden Märchen zu tun, das in jedem von uns die Kindheit wiederaufleben läßt. Am Ende nämlich, nach allem Auf und Ab, wird das Böse vom Guten bezwungen, siegt die Freude über die Traurigkeit.

Die Erzählung handelt von Wundern: Ausnahmsweise ist es Juden erlaubt, mehr noch, ist es ihre Pflicht, glücklich zu sein und ihre Freude hinauszuschreien. Es wird ihnen sogar *befohlen*, sich zu betrinken, und sie werden dafür belohnt: Die Tatsache des Trinkens wird ihnen als *Mizwa*, als Erfüllung eines Gebots, angerechnet!

Es war einmal in einem fernen, fernen Land, dort gab es eine große, blühende jüdische Gemeinde, die – aufgrund einer Frau voller Würde und eines Mannes voller Starrsinn – eines Morgens aufwachte und sich in tödlicher Gefahr wiederfand: Alle ihre Männer und Frauen – auch die Kinder – waren zum Tod verurteilt worden; ein Vorhaben, das Jahrhunderte später als Genozid, Völkermord, bezeichnet werden würde.

Glücklicherweise gab es einen Gerechten in ihrer Mitte; und glücklicherweise lebte seine hübsche Nichte in seiner Nähe. Beiden gelang es, den schrecklichen Befehl zu widerrufen und damit ihr Volk vor dem sicheren Massaker zu retten.

Und so werden wir Zeuge des Triumphes von Glaube und Gebet über Terror und Grausamkeit. Die Opfer von gestern erscheinen als die Sieger von heute. Macht und Ruhm wechselte die Seite von den Betuchten zu den Habenichtsen, von der Mehrheit zu der befreiten Minderheit.

Jedermann mag ein Happy End. Das erklärt die allgemeine Beliebtheit des jüdischen Purim-Festes, eines Feiertages, den es so lange geben wird wie das Exil – und darüber hinaus. Ja, Purim wird selbst *nach* dem Kommen des Messias gefeiert werden, selbst *nach* der Erlösung des jüdischen Volkes, und – durch es –, aller Nationen und aller Völker. Purim ist etwas so seltenes, so besonderes, so einzigartiges, daß wir dieses Fest nie aufgeben werden. Wir brauchen Purim so sehr wie Jom Kippur, den Versöhnungstag.

Nur deshalb, weil es ein freudiges Ereignis ist? Es gibt andere. Weil es die Juden heraushebt, nur die Juden? Das Buch Ester spricht von *Mordechai hajehudi* – Mordechai, dem Juden, und Ester sagt ihm: »*Lech knos et kol hajehudim* – Geh' und versammle alle Juden...« Mit anderen Worten, die Geschichte handelt nicht von ›Persern jüdischen Glaubens‹ oder von ›jüdischen Mitbürgern‹, sondern von Juden, die einfach jüdisch sind – mehr als alles andere. Ist das der Grund für die Beliebtheit von Purim? Ist es so simpel?

Im Gegensatz zu anderen Feiertagen müssen wir an Purim lediglich eine Geschichte anhören und uns betrinken, und je mehr wir zuhören und je mehr wir betrunken werden, um so besser. *Ad d'lo jada:* Wir haben Weisung, uns so lange zu betrinken, bis wir den guten Mordechai nicht mehr von dem verächtlichen Haman unterscheiden können. Ist das eine *Mizwa*? Ist das jüdisch? Ist die Grundlage des Judentums nicht die Unterscheidung zwischen Licht und Dunkel, Tag und Dämmerung, Exil und Erlösung, Israel und Heiden, Leben und Tod? Warum müssen wir einen Tag, einen Augenblick lang die Unterschiede zwischen Freund und Feind, Gefahr und Sicherheit, Segen und Fluch zum Verschwinden bringen?

Die Geschichte spielt sich wie auf einer riesigen Bühne ab – die Menschheit als Zuschauer, und sie zeigt sich alles andere als simpel. Studieren wir die Figuren des Stücks, werden wir erkennen, wie vielschichtig sie sind.

Am Ende scheinen alle ein falsches Spiel zu treiben – alle, das heißt mit Ausnahme des Antisemiten, der im Mittelpunkt steht. Und doch wird selbst er uns mehr verwirren, als wir dachten. War er, er allein schuld an dem, was geschehen sollte und um ein Haar geschah? In der Tat, dieses bedeutende Ereignis, das wichtigste Ereignis im Leben der Juden von Schuschan, hätte nicht zwangsläufig eintreten müssen. Ist es deshalb gottgewollt? Alle Geschehnisse sind von Gott gewollt – aber in diesem Fall scheint Er überhaupt nicht an der Geschichte beteiligt zu sein; Er wird nicht einmal erwähnt.

Was könnte der Grund für Seinen Rückzug sein? An keiner Stelle im ganzen Buch Ester wird einer Seiner heiligen und unaussprechlichen Namen erwähnt. Handelt die Geschichte nicht von Wundern? Können Wunder ohne Sein Zutun geschehen? Ist Er nicht im Zentrum der Geschichte? Es muß eine Ursache haben, daß er aus der Geschichte tritt und zum unbeteiligten Zuschauer wird.

Klar ist, daß Er es aus freien Stücken tat. *Minajin sche-Ester min Hatora?*, fragt der Talmud: Gibt es Beweise dafür, daß das Buch Ester in der Tora erwähnt wird? Ja, nämlich in dem Vers: »*Weanochi haster astir panai* – Ich werde verbergen mein Angesicht.« Raschi kommentiert: Zur Zeit Esters gibt es ein *hester-panim*, eine Gottesfinsternis, ein Verbergen Seines Angesichts. Das bedeutet, die Abwesenheit hat göttliche Motive aber menschliche Konsequenzen.

Aus diesem Grund *ist* das Buch Ester Teil des biblischen Kanons. Die Geschichte zu hören ist ein Gebot, dem alle Männer, Frauen und Kinder Folge leisten müssen. Alle Juden müssen sich die scheinbar naive Erzählung eines alten Königs und seiner jüdischen Königin anhören. Alle müssen anwesend sein, wenn die Geschichte wieder und wieder erzählt wird – alle, außer… Gott.

Damit ist klar, daß diese Geschichte Dimensionen enthält, die uns verborgen bleiben. Statt unsere Angst zu besänftigen, beunruhigt uns das Buch Ester. Während es uns mit seiner scheinbaren Einfachheit fasziniert, ruft es gleichzeitig eine unbeschreibliche Angst in uns wach.

Welches jüdische Kind ist nicht in Ester und das *Buch* Ester verliebt? In der Erzählung scheint alles begeisternd und rühmlich. Die Guten sind die Besten, die Frevler die Schlimmsten. Die Gerechten werden belohnt, ihre Gegner bestraft. Ich lese Ester und fühle mich bestärkt.

Der Midrasch berichtet, daß Rabbi Akiba, immer wenn seine Schüler während seiner Vorlesungen einschliefen, abrupt das Thema wechselte und über Königin Ester zu sprechen kam. Sofort stellte sich der Effekt ein: Alle wachten auf, hörten interessiert und angeregt zu.

Später ärgerte ich mich über das Buch: Alles darin schien mir zu künstlich, zu erbaulich. Damals nämlich hatte ich erlebt, daß das Leben weit entfernt von einem Mäpchen ist. Zu meiner Zeit wurden die Juden von Schuschan nicht verschont.

Läßt man die Oberflächlichkeit der Erzählung hinter sich, wird man von ihr gepackt. Man muß ihr nur die Maske entreißen, und schon wird man von den Möglichkeiten geblendet, die in ihr stecken. Zum Beispiel: Jahrelang, Jahrhunderte, lebten wir in dem Glauben, Purim sei Purim und Pascha sei Pascha. Wir irrten. Nach dem Talmud spielten sich die Ereignisse des Buches Ester nicht im Monat Adar ab, sondern einen Monat später: am dreizehnten, vierzehnten und fünfzehnten Nissan, also während des Pascha-Festes. Mit anderen Worten, Purim war Pascha.

Lesen wir die Geschichte noch einmal. Es war einmal in der Hauptstadt eine Reiches, das einhundertsiebenundzwanzig Staaten zählte, dort lebte ein alter, stets gelangweilter und langweilender König, Ahaschwerosch, auch Artaxerxes oder Xerxes I. genannt, der eines Tages den genialen Einfall hatte, die größte Dinnerparty der Welt zu organisieren, bei welcher den vornehmsten Gästen nur das Beste gereicht werden sollte: die feinsten Speisen und die besten Weine inklusive einer erstklassigen Unterhaltung dargeboten von Königin Waschti höchstpersönlich. Für diese außergewöhnliche Gelegenheit forderte ihr Mann sie auf, einige Stripteasenummern aufzuführen.

Natürlich waren alle höchst gespannt, außer Waschti selbst, die von der Rolle, die ihr angetragen wurde, keineswegs begeistert war. In der Tat, sie lehnte sie ab. Der König, außer sich durch ihre Weigerung, konsultierte seine Berater zu Fragen des Protokolls, der Gesetze, der Menschenrechte und der Eheprobleme. Niemals zuvor war ihm so etwas zugestoßen. Seine Hofbeamten stimmten in seinen Zorn mit ein: Ihnen war klar, daß die Selbständigkeit von Waschti nicht nur ihren Ehemann, sondern alle Ehemänner des Reiches höchst bedrohte. Wegen ihr könnten andere Frauen auf dumme Gedanken kommen.

Es mußte etwas getan werden; die Bestrafung Waschtis sollte anderen als Warnung dienen. Darum wurde sie ihrer Titel, ihrer sicheren Stellung und schließlich ihres Lebens beraubt. Der Text sagt es nicht ausdrücklich, aber nach ihrer Verstoßung verschwindet sie ganz, und es ist zu vermuten, daß sie tot ist. Ihr Mann hat sie vielleicht vermißt – oder auch nicht. Klar ist, daß sein Zorn ihn davor bewahrte, sie zu vergessen, denn er brauchte jemand an seiner Seite. Folgerichtig wird ein nationaler Schönheitswettbewerb organisiert. Der Preis war nichts weniger als die königliche Krone!

An diesem Punkt der Geschichte sehen wir uns noch nicht gezwungen, die übliche Frage zu stellen: Waren diese königlichen Ehekonflikte gut für Juden oder schlecht für Juden? Warum sollten wir uns um die häuslichen Schwierigkeiten des Ahaschwerosch scheren, wenn sie nichts mit unseren Problemen zu tun haben? Aber sie hatten mit ihnen zu tun.

Denn plötzlich erfahren wir, daß »*Isch jehudi haja be-schuschan habira* – daß es einen Juden gab, der in der Stadt Schuschan lebte«. Sein Name war Mordechai, Sohn des Jair, Sohn des Schimi, Sohn des Kisch, aus dem Stamm Benjamin. Und dieser Mordechai beschloß, daß seine Nichte – einige Quellen sagen, sie sei eigentlich seine Frau gewesen – namens Hassda, auch Ester genannt, eine Kandidatin für den Königinstitel sein sollte. Und tatsächlich, der alte König wählte sie aus, was, wie wir sehen werden, gut für ihn und gut für die Juden war, aber schlecht für deren Feinde, besonders ihren Führer, einen verächtlichen Politiker namens Haman.

Haman, Nachfahre des Amalekiterkönigs Agag, dessen Leben von König Saul, auch aus dem Stamm Benjamin, verschont worden war, ist zum Premierminister ernannt worden und machte augenblicklich von seiner Macht Gebrauch, um die Untertanen des Königs zu demütigen, insbesondere, um die Juden unter ihnen auszulöschen. Ahaschwerosch hat ihn nicht daran gehindert, auch nicht, als ihn Haman mit zehntausend, von den Juden gestohlenen Silbermünzen bestechen wollte, um damit die königliche Erlaubnis zu bekommen, seine Endlösung auszuführen.

Alles ist arrangiert: Haman berät sich mit okkulten Sehern und Astrologen, um ein geeignetes Datum für seine Operation festzusetzen. Der Erlaß wurde bekanntgegeben, die Mörder sind einsatzbereit. Wenn nichts mehr im Wege steht, kann das Massaker seinen Lauf nehmen. Glück für die Juden: Ahaschwerosch ist verliebt, und das Objekt seiner Liebe heißt Ester. Er weiß es nicht, aber sie ist Jüdin.

An diesem Punkt sind sie und ihr Onkel die einzigen, die sich der Gefahr, die ihr Volk bedroht, bewußt sind; sie stehen allein gegen Haman und die amtlichen Mörder, allein gegen Haman und seinen Haß. Sicher kennen Sie die Abfolge der Ereignisse: Ahaschwerosch findet keinen Schlaf, und anstatt einen Schlaftrunk zu nehmen, beginnt er, das Buch der Chronik zu lesen. Der Bericht über einen erfolglosen Putsch fesselt seine Aufmerksamkeit. Richtig, einige Leute hatten versucht, ihn vom Thron zu jagen. Aber er wurde gerettet durch einen Juden namens Mordechai. Mordechai – was ist aus ihm geworden, fragt sich der König? Von diesem Moment an geht der Stern des Mordechai auf und Hamans Untergang wird unvermeidlich. Am Ende werden Haman und seine Söhne erhängt, ihre Komplizen erschlagen, und die Juden von Schuschan können sich wieder freuen. Auch wir. Genau das war Esters Herzenswunsch – und wer würde es wagen, einer Königin zu widersprechen, besonders wenn sie obendrein mutig und hübsch und jüdisch ist?

Dennoch, bei einigen Weisen stieß sie auf Widerstand. Sie waren gegen den Gedanken, die Erinnerung zu feiern: Warum sollten wir auf unser Glück aufmerksam machen und Neid hervorrufen. Wißt ihr nicht, daß die Welt den Anblick von glücklichen Juden nicht ertragen kann? Aber Ester hatte eine Antwort auf ihre Kritiker: »Warum sollten wir mit unserem Sieg hinterm Berg halten, wenn alles bereits in den Geschichtsbüchern anderer Völker verzeichnet ist?« Ihr Argument überzeugte – natürlich. Ester gewann all ihre Kämpfe.

Betrachten wir sie genauer. In der Erzählung ist sie die wichtigste Figur; schließlich gehört ihr die Titelrolle. Das Buch trägt ihren Namen. Sie erscheint am richtigen Ort im richtigen Moment und tut das Richtige. Sie ist diejenige, die auf den König einwirkt, damit er seine Meinung ändert und damit den Lauf des Schicksals ändert; sie ist diejenige, die im Verborgenen agiert und einen gefährlichen Auftrag ausführt zum Wohl ihres Volkes. Sie ist diejenige, die am heikelsten Punkt des Stückes ein Drehbuch aufstellt und die Rollen zwischen Mordechai, der jüdischen Gemeinde und selbst dem Feind verteilt. Als scharfsinnige Psychologin scheint sie in der Lage zu sein, die Reaktion und das Verhalten eines jeden vorausehen. Sie weiß instinktiv, was Ahaschwerosch sagen wird, was Haman tun wird. Ja, Ahaschwerosch ist nicht der einzige, der sich in sie verliebt; wir alle sind es.

Natürlich hatte sie einen Mentor: Mordechai, ihren Onkel. Er nahm sie als Waisenkind auf und sorgte für sie, als wäre sie seine eigene Tochter: »*Lekacha lebat*«, sagt der Text. Der Talmud fügt hinzu: »*Al tikre lebat ki im lebajit.*« »Er nahm sie« bedeutet, er heiratete sie.

Deshalb konnte sie nicht nein sagen, als Mordechai sie bat, den Juden zu helfen. Sie hatte zu großen Respekt vor ihm, so wie wir. Seine Treue zum Judentum, sein Stolz, Jude zu sein, seine innere Stärke und Entschlossenheit, sein Gespür für Ehrerbietung im Umgang mit den Mächtigen – alles, was ihn betraf, war beeindruckend.

Obwohl er der »Torwächter« ist, eine bedeutende Stellung in der Verwaltung des alten Persien, hält er seinem Volk die Treue. Als es bedroht ist, bringt er das äußerste Opfer dar, indem er seine geliebte Ester zu dem lächerlichen Schönheitswettbewerb schickt. Er ist entschlossen, die höheren Kreise des königlichen Hofstaates zu infiltrieren.

Und als Ester ein wenig zögerlich reagiert, oder gar aufsässig, hielt er ihr das eindringliche Argument vor Augen, das auf alle jüdischen Männer und Frauen zutrifft, die wichtige gesellschaftliche oder staatlichen Ämter begleiten: »*Ki im hachresch tachrischi baet hazot…*« Willst du jetzt schweigen, wenn wir dich brauchen, wenn sich unser Volk in tödlicher Gefahr befindet; wir werden auch von anderer Seite Hilfe erfahren, aber du, was wird mit dir geschehen? Welchen Platz wird dein Name in unserer Erinnerung einnehmen? Ohne Zweifel, Mordechai hatte einen Sinn für Geschichte.

Selbst der alte Ahaschwerosch ist nicht völlig abstoßend – im Gegensatz zu dem ersten Eindruck, den man von dem Mann erhält. Die Waschti Episode? Er ist in sie vernarrt, stolz auf ihre Schönheit und möchte sie den anderen zeigen. Was ist falsch daran? Weiter, er scheint Juden nicht zu hassen, er nimmt sie kaum wahr. Und wenn er von Haman gekauft werden kann, kann er auch von Hamans Feinden gekauft werden: Ein bestechlicher Herrscher wurde von den Juden in der Diaspora stets mit Sympathie bedacht. Studiert man den Text, wird man sehen, daß König Ahaschwerosch ein vergleichsweise gutmütiger Monarch war, der wenig Vorurteile hatte. All seinen Untertanen gewährte er Bürgerrechte, einschließlich den Juden. Man lese Hamans Bericht über sie, und man sieht, wie glücklich sie in Schuschan lebten. Es ist ihnen erlaubt, ihre eigenen Sprache zu sprechen, ihre eigene Kultur zu pflegen, ihren eigenen Gott anzubeten, ihrer Tradition treu zu bleiben und lebhafte Bande jüdischer Solidarität zwischen Gemeinden und Individuen aufrecht zu erhalten: eine wahrlich strahlende Diaspora, nicht wahr? Wenn Haman sie überall sieht, dann deshalb, weil sie überall *sind*; wenn ihn ihr Einfluß stört, dann deshalb, weil sie Einfluß *haben*. Wer gewinnt den begehrtesten Schönheitspreis? Ein jüdisches Mädchen. Wer wird offiziell für seine Dienste geehrt, die er der Nation geleistet hat? Ein Jude. Wenn aber Ahaschwerosch zu Juden so freundlich war, wie konnte er zulassen, daß ihn Haman überredete, sie umzubringen? Ein Moment der Blindheit, ein Lapsus. Ein Fehler, den er schnell korrigierte. Schließlich hat unter Ahaschwerosch nicht *ein* Jude sein Leben verloren.

Der Schurke der Geschichte? Haman. Sein Haß auf Mordechai und die übrigen Juden ist absolut, unnachgiebig, er rührt aus tiefster Seele. Er wird nicht ruhen, solange Mordechai noch am Leben ist; der Text sagt es ausdrücklich. Haman ist boshaft, der boshafte Mensch in der jüdischen Geschichte, das Symbol für Feindseligkeit, Gemeinheit, Grausamkeit und Mord. Darin gleicht er Amelek, dessen Nachkomme er ist.

Auch Waschti wird als eine Art Übeltäterin behandelt. Arme Königin: Die Ganze Welt ist gegen sie. Auch die Heilige Schrift. Und der Talmud um so mehr. Niemand kommt ihr zu Hilfe, niemand verteidigt ihre Ehre. Wir scheinen des Königs Ärger stillschweigend hinzunehmen: Warum hat sie sich seinen Launen nicht unterworfen? Hätte sie doch seine

Einladung zur Aufführung angenommen, dann hätte es Haman nie gegeben.

Schauen wir uns die Figuren des Stücks noch einmal an: zwei Helden, Ester und Mordechai; zwei Übeltäter, Haman und Waschti; einen Neutralen, Ahaschwerosch. Und einen Abwesenden: Gott.

Nachdem sie aufeinander losgelassen wurden, stricken sie eine Legende über Ehrgeiz und Gier, Hochmut und Verrat, unlöschbaren Durst nach Macht und Ruhm auf der einen Seite und absolute Treue, Frömmigkeit, Liebe und Schönheit auf der anderen Seite.

Kein Wunder, daß das Buch einen solchen Erfolg hatte.

Untersuchen wir es im Kontext unserer Tradition: Ist es eine wahre Geschichte? Gab es einen persischen König namens Ahaschwerosch? Hatte er eine jüdische Frau? War ihr Name Ester? Inwieweit spiegeln die Ereignisse um Haman und Mordechai historische Fakten wider?

Im Blick auf die Personen selbst, kann man die Fragen weitgehend bejahen. Es gab einen König Ahaschwerosch in Persien, der von 486 bis 465 vor unserer Zeitrechnung regierte. Herodot erwähnt ihn, aber bei Herodot ist der Name seiner Frau weder Ester noch Waschti, sondern Amestris. Außerdem entdeckte man in Borsipa eine Tafel, deren Inschrift auf einen königlichen Berater namens Mardukka – Mordechai? – verweist. Natürlich halten es überlieferte jüdische Quellen für sicher, daß das Buch Ester auf historische Tatsachen zurückgeht. Wie aber kann man dann Herodots Aussage erklären, daß persische Könige nur Frauen aus sieben adligen Familien heiraten durften? Es tauchen weitere Diskrepanzen von Daten und Namen auf: Wurde Mordechai persönlich in den Tagen Jojakims verschleppt? War sein Großvater wirklich Kisch? Und: Wann genau ereignete sich die Krise von Purim? Die meisten talmudischen Quellen datieren es zurück in das babylonische Exil, aber es ist äußerst schwer, ein genaues Datum festzustellen.

Sollen wir daraus schließen, daß die Erzählung frei erfunden ist? Einige Gelehrten sehen es so. Sie behaupten, die Juden von Schuschan hätten Purim nicht erfunden, um ein Wunder zu feiern, sondern hätten ein Wunder erfunden, um ihren Feiertag zu rechtfertigen. Ihr Argument: In Persien hatten, ähnlich wie in anderen Ländern, die alten Stämme den Frühling gefeiert, nur, weil er eine neue Geburt bedeutete. Was die Juden betrifft, so hätten sie den Festlichkeiten eine religiöse Bedeutung übertragen. Aus diesem Grunde hätten sie die Geschichte von Purim erfunden, die, oberflächlich betrachtet, überraschend naiv und banal ist, einerseits wegen ihrer Haremintrigen, andererseits wegen ihrer Machtintrigen – dazu ein gutes Maß an purer Phantasie.

Damit wäre Gottes Abwesenheit gerechtfertigt, oder wenigstens erklärbar: Wer würde es nicht vorziehen, sich da herauszuhalten?

Glücklicherweise gibt es eine weitere Version der Ereignisse, eine, die poetischer ist und vielleicht der Wahrheit näher kommt. Ich beziehe mich auf die Version des Midrasch.

Zuallererst führt der Midrasch ohne die leiseste Hemmung Gott in die Erzählung ein; und er macht es auf eine reizende, fast kindliche Weise: Er bezieht den Ausdruck »König« nicht nur auf Ahaschwerosch sondern an manchen Stellen auch auf den König der Welt.

Dann fährt der Midrasch fort, indem er von den Personen auf eine viel verschlüsseltere Art und Weise spricht: Dadurch werden sie menschlicher, tiefgründiger.

Im Gegensatz zur Schrift spielt der Midrasch mit den Figuren und verwischt damit die Grenzen zwischen Gut und Böse. Nichts ist unwiderruflich, keine Handlung im Stück ist definitiv. Vor dem Hintergrund der Träume und Vorstellungswelten des Lesers entrollt sich ein schöpferischer Prozeß.

Nehmen wir Ahaschwerosch und seine Verwandlungen: Der Midrasch ist keineswegs immer gutmütig zu ihm. Er wird weder als ausschließlich dumm, noch als ausschließlich boshaft bezeichnet, sondern als... beides. Einige Quellen sagen: »*Melech tipesch haja* – Er war ein einfältiger König«; andere sagen: »*Rascha haja* – Er war ein schlechter König.« Gleichzeitig findet sich eine dritte Kategorie von Kommentatoren im Midrasch, die ihn – vielleicht aus Mitleid – als freundlichen, gütigen und gerechten Menschen charakterisieren. Man denke an den Anfangssatz des Buches Ester. »*Wajehi bijemei Ahaschwerosch hu Ahaschwerosch.*« Diese wiederholende Betonung taucht in der Bibel an zehn Stellen auf, was der Midrasch für bemerkenswert hält. Fünfmal bezieht er sich auf Gerechte, fünfmal auf Frevler. Wir haben die Wahl: Ahaschwerosch mag zu der einen oder der anderen Gruppe gehören – oder zu beiden.

An einer Stelle des Textes wird er als gnadenloser Tyrann gezeigt, an einer anderen als ein schwächlicher Souverän. Was in der Bibel eine Tugend ist, wird im Talmud zum Laster. Der Text berichtet uns von seinem Erlaß, der allen seinen Gästen ein Leben in Freiheit zusichert: »*Laassot kirzon isch waisch* – Freiheit für alle.« Gibt es eine bessere Philosophie des menschlichen Tuns? Der Midrasch widerspricht: Dieser Erlaß ist zu groß. Gott spricht zu Ahaschwerosch: »Du willst allen gefallen. Kannst du es? Wenn zwei Männer dieselbe Frau heiraten wollen, hat sie dann etwa die Möglichkeit, es beiden zu erlauben? Wenn zwei Schiffe in entgegengesetzte Richtungen fahren, kann ihr Flehen um den selben Wind erhört werden? Im Leben muß sich der Mensch zwischen zwei Dingen entscheiden – und du, Sterblicher, glaubst, du kannst es allen Recht machen, indem du allen das Gleiche gewährst?« Mehr noch, nimmt man seine Entscheidung, den Gästen freies Essen und Trinken zu gewähren, genau unter die Lupe, ist klar, daß dies im Palast nicht die Regel war! Der Talmud berichtet uns, daß seine Gäste früher *gezwungen* wurden, aus besonderen Bechern zu trinken: Sie wurden geisteskrank, aber sie tranken! Sie mußten sterben, aber sie tranken!

Einige Quellen machen sich über ihn lächerlich. Warum heißt er Ahaschwerosch? Weil alle, die an ihn denken, »*chasch beroscho*« – Kopfweh bekommen. Dieser Mann ist so zweideutig, so ambivalent, daß alles, was ihn betrifft, verwirrend erscheint. Einige Weise glauben, er war ein Freund und Beschützer der Juden, andere behaupten, er war ihnen gegenüber feindlicher eingestellt als Haman.

Welch ein sonderbarer Mensch, ruft ein Meister aus. Er tötete seine Frau – Waschti – wegen seines Freundes Haman, und er tötete seinen Freund Haman, wegen seiner Frau – Ester.

Betrachten wir noch einmal seine Person. Plötzlich erscheint er uns nicht mehr als eine blasse Figur, sondern als leicht erregbar. Heute entscheidet er so, morgen anders. Wegen Waschti, die sich weigerte, seine Gäste zu unterhalten, demütigt er alle Frauen, indem er sie auf den Rang von Dienstmädchen stellt; wegen Haman ist er bereit, alle Juden töten zu lassen; wegen Ester rettet er sie wieder. Man achte auf die Art und Weise, wie er sich gegenüber Waschti verhält. Er liebt sie verzweifelt, dennoch demütigt er sie in aller Öffentlichkeit; er begehrt sie, und doch tötet er sie; er tötet sie, und dann vermißt er sie.

Wenn der Text sagt, » *Wechamato baaro bo* – er ist voller Zorn«, dann ist nicht klar, auf wen sich sein Ärger bezieht – ob auf Waschti oder auf ihn selbst, weil er sie umbringen ließ.

Sehen wir uns Waschti genauer an. Sie wurde als Prinzessin geboren; man vermutet, sie sei die Tochter von Belschazzar. Der Midrasch hält nicht viel von ihr, wobei die Gründe nicht ganz einsichtig sind. Woraus erklärt sich ihr schlechter Ruf? Ich jedenfalls möchte zu ihrer Verteidigung antreten, so wie es jeder rechtschaffene Mensch tun sollte. Ich persönlich mag Waschti. In der Reihe der befreiten Frauen nimmt sie einen ganz besonderen Platz ein.

Sie kennt den Preis ihrer Kühnheit, und sie ist bereit, ihn zu bezahlen: Sie wird sich den launischen Impulsen ihres senilen Mannes nicht unterwerfen. Er will seine Gäste unterhalten? Gut, aber nicht auf ihre Kosten. Ihre Argumentation, die der Midrasch überliefert, ist voller Würde: »Warum, mein Herr, willst du, daß ich vor deinen Gästen nackt erscheine? Finden sie mich hübsch, werden sie dich umbringen, um mich zu besitzen; halten sie mich für häßlich, fällt die Schande meiner Häßlichkeit auf dich selbst zurück.« Der Midrasch kommentiert: »Sie sprach mit ihm in Rätseln, und er verstand nichts; sie zerkratzte seine Haut, und er spürte nichts.« Erbost fährt sie fort: »Wer und was warst du, als du im Hause meines Vaters angestellt warst? Du mußtest im Stall arbeiten. Du hast dich mit Prostituierten herumgetrieben. Jetzt bist du König, aber deine Manieren haben sich nicht geändert.« Wieder kommentiert der Midrasch: »Sie sprach mit ihm in Rätseln, und er verstand nichts; sie zerkratzte seine Haut, und er spürte nichts.« Dann schickt sie ihm eine letzte Nachricht: »Denk' daran, im Hause meines Vaters gab es Menschen, die zum Tod verurteilt waren – niemals aber waren sie nackt.« Sie ist so beeindruckend, daß der Talmud unwillkürlich fragt, warum sie den Tod verdient hatte – nicht von dem Standpunkt ihres Mannes aus gesehen, sondern von unserem. Der Midrasch denkt sich einige originelle Antworten aus: Sie hätte versucht, jüdische Frauen aufzustacheln, ihr Judentum aufzugeben, indem sie sie am Sabbat arbeiten ließ; und sie hätte es ihrem Mann ausgeredet, den Tempel in Jerusalem wiederaufzubauen, indem sie zu ihm sagte: »Mein Großvater, Nebukadnezzar, hat Jerusalem zerstört, und du willst es wiederaufbauen?« Aus diesen Gründen hat sie ihre Strafe verdient – und erhalten. Und schließlich: Während Ahaschwerosch seine Herrenrunde abhielt, gab sie eine Party für Frauen. Sie ließen es sich gut gehen, weshalb die Engel bei Gott klagten: Siehe, Dein Volk leidet und sie kümmern sich nicht darum! Das letzte Argument jedoch ist das

Schwächste. Warum sollte man Waschti schuldig sprechen, weil sie – wie ihr Mann – Festessen veranstaltete?

Aber halt: Waschti wurde zum Tode verurteilt – jedoch, wessentwegen? Wegen Haman, der unter dem Decknamen Memuchan agiert und dem König rät, sie loszuwerden. Warum? Der Midrasch führt drei Gründe auf: Erstens: Waschti machte den Fehler, Hamans Frau nicht zu ihrer königlichen Dinnerparty eingeladen zu haben. Zweitens: Bisweilen schlug sie Haman mit ihren Sandalen ins Gesicht. Drittens: Er suchte einen Mann für seine Tochter – wenn möglich einen verwitweten König.

Der Midrasch schreibt weiter: Es ist wahr, daß Ahaschwerosch den Rat von jüdischen Weisen suchte, bevor er Waschti zum Tode verurteilte. Er sagte ihnen, sie würde dem König nicht gehorchen. Ich werde sie euch bringen lassen, um sie zu verurteilen. Die Weisen befanden sich in einem Dilemma: Wenn sie ihm rieten, sie umzubringen, könnte er schon morgen seine Entscheidung bereuen und sie dazu bringen, daß *sie ihre* Entscheidung bereuten; würden sie ihm raten, seine Frau in Frieden zu lassen, könnte er sie beschuldigen, das Verbrechen des Hochverrats zu tolerieren. Sie fanden einen Ausweg. Sie sagten dem König: Tut uns leid, mein Herr, aber wir können dir nicht weiterhelfen. Vor langer Zeit, in Jerusalem, wußten wir, wie man bei Staatsverbrechen zu urteilen hat. Hier, im Exil, ist uns dieses Wissen abhanden gekommen. Erst jetzt wandte sich Ahaschwerosch an Memuchan, also an Haman.

Haman selbst erscheint im Midrasch weniger eindimensional. Antisemit? Ja, aber... was konnte er schon dafür? Wie alle anderen Antisemiten ist er überzeugt, Juden sind überall und schmieden ständig Pläne, die ganze Welt in ihre Hände zu bekommen... Haman ist vom König auserwählt und geliebt, von der Nation mit Beifall bedacht, von seiner Familie liebevoll umsorgt. Er hat alles, was sich ein Mann wünschen kann. Er könnte glücklich sein, wären da nicht die Juden, die überall auftauchen, wo er sich bewegt, nur um ihn herauszufordern, nur um ihn zu provozieren. Wer steht am Tor des königlichen Palasts? Ein Jude, Mordechai. Wer lebt darin? Eine Jüdin, Ester. Über wen berichten die offiziellen Chroniken? Über einen Juden. Was kann er dafür, daß der Haß gegen sie in ihm aufsteigt? Tun sie nicht alles, um seinen Haß anzufachen? Er befindet sich am Höhepunkt seiner Karriere, der König befiehlt allen Bürgern, sich vor ihm zu verneigen, die Götter sind auf seiner Seite – und doch gibt es einen, der anders sein will, ein Jude, der sich weigert, sich vor ihm zu verbeugen. Sicher, Haman sollte ihm keine Beachtung schenken. Aber er kann ihm nicht aus dem Weg gehen, denn Mordechai steht am Eingang. Was sollte Haman tun? Den Hintereingang benützen, er, der Vizekönig, der Premierminister? Haman haßt Mordechai und durch ihn alle Juden, denn Mordechais Anwesenheit erinnert ihn stets an die flüchtige Natur seiner, Hamans, Macht. Warum tut Mordechai ihm das an? Warum verschwindet er nicht einfach? Warum kann er sich nicht wie jeder andere verhalten?

Natürlich betont der Talmud Hamans bösartige Natur: Er ist ein Nachkomme des Erzfeindes Israels – und der ganzen Menschheit –, Amelek, und hat den Tod verdient. Das Leben seines Vorfahren Agag wurde von König Saul verschont; wäre also Saul weniger nachgiebig gewesen, wären die Juden von Schuschan nicht in Gefahr geraten. Darum war die Verfolgung der persischen Juden der Fehler Sauls – das heißt, nicht allein Hamans Schuld.

Einige Weise hegen eine gewisse Sympathie für Haman, weshalb sie das tragische Schicksal nicht hinnehmen wollen, das seine Kinder befiel. Sie behaupten, daß nicht alle erhängt worden seien, daß einige von ihnen überlebt hätten, und daß einer ihrer Nachkommen ein berühmter Talmudist an der Jeschiwa von Bnei-Brak geworden sei.

Hamans Tod? Er wird in schockierender Genauigkeit beschrieben. Nach seiner Niederlage wird Haman Mordechais Kammerdiener: Er macht Bückling vor ihm und steht ihm für all seine Bedürfnisse zu Diensten. Er beginnt, Mordechai anzuflehen, er möge ihn vor dem unehrenhaften Tod durch Erhängen verschonen. Er akzeptiert den Tod, aber nicht die Demütigung. Er verweist auf das Gebot »*Binfol ojiwcha al tismach* – Du sollst dich am Untergang deiner Feinde nicht freuen.« Aber Mordechai bleibt taub gegenüber seinem Flehen. An diesem Punkt fragt man sich, warum es in den Herzen der talmudischen Legendenerzähler keinen Platz für Mitgefühl gab, Mitgefühl für Haman, der ein Werkzeug des Schicksals in einer Geschichte war, die ihn weit übersteigt, die ihn aber für alle Ewigkeit zu Boden warf.

Hatte Mordechai Rachegelüste? Hatte er nicht das geringste Mitleid? Nein. Er hätte der Versuchung der Macht widerstanden, ebenso wie er der Bedrohung durch mächtige Leute widerstand. Sein Porträt in der Heiligen Schrift ist unzweideutig. Mordechai war Jude – *isch jehudi* – in der Hauptstadt Schuschan. Jeder wußte, daß er Jude war. Als Jude glaubte er an das Gesetz. Und an die Gerechtigkeit. Er glaubte an die Strafe für den Feind. Die Leute wußten, daß er sich als judäischer Flüchtling im Exil betrachtete, der im Interesse der Juden handelte: Dies war seine Leidenschaft, sein Lebenssinn. Ob Verlierer oder Sieger – stolz bejahte er sein Judesein. Und immer wenn Gefahr für seine Brüder heraufzog, widmete er sein ganzes Engagement ihrer Rettung. Das ist das unbefleckte Bild, das uns die Bibel von diesem Mann und seiner Sendung zeichnet.

Aber – auch hier – schildert ihn der Midrasch wesentlich komplexer. Nicht jedermann ist jederzeit glücklich mit ihm. Wir folgern dies aus dem Schluß der Geschichte. Nach den Wundern, die Mordechai vollbracht hatte, um den Feind zu besiegen, steht geschrieben: Mordechai »*haja razui lerow echaw* – er wurde akzeptiert – oder gewählt – von einem großen Teil seines Volkes.« Was? Von einem großen Teil? Nicht von allen? Nein, sagt der Talmud. Nicht von allen. Einige Mitglieder des Sanhedrin, des Hohenrats, waren gegen seine Führung; wir kennen keine Gründe dafür, nur die

Tatsache an sich: Mordechai regierte qua Mehrheitsbeschluß, nicht qua Einstimmigkeit. Eine Minderheit war gegen ihn. Woher rührt diese ideologische Undankbarkeit? Lange Zeit vor ihm hatte schon Moses mit ähnlichen Problemen zu kämpfen. Niemand ist perfekt, auch Mordechai nicht. Schließlich war es Folge *seiner* Fehleinschätzung Hamans und dessen Anhänger, daß die Juden in Gefahr gerieten. Sind derlei individuelle Rettungsversuche zu rechtfertigen, wenn sie auf Kosten kollektiver Unterdrückung geschehen? Kann man seine Sturheit entschuldigen oder leichterhand darüber hinweggehen?

Selbstverständlich wird Mordechai meist mit Lobliedern bedacht. Er war für seine Generation so wichtig wie Moses für die seine, schreibt der Midrasch. Er war Mitglied des Sanhedrin, beherrschte siebzig Sprachen und kannte alle Geheimnisse der Tora; er hatte gute Sitten, besaß seltene Tugenden und war der Erlösung wert, aber...

Wir wollen nicht vergessen: *Er* war es, der Ester zu dem Schönheitstheater schickte; *er* hat von ihr verlangt, ihr Judesein zu verbergen – und dies geschah alles *vor* der tödlichen Gefahr. Er schickte seine Frau – oder seine Nichte, das spielt keine Rolle – zum Reichspalast, obwohl er sich der Gefahr bewußt war, der sie dadurch ausgesetzt war. Wie konnte er nur? Zugegeben, er kannte die Schwächen des Königs. War das Grund genug, Ester zu benützen, so wie er es tat? Um das ganze noch schlimmer zu machen, begann er, ihr Verhalten zu kritisieren. Er schob ihr die Schuld für die langsame Arbeitsweise der Staatsbürokratie in die Schuhe. Er klagte sie an, zu wenig offensiv vorzugehen. War es ihr Fehler, daß der König seine Frauen nur einmal im Monat empfing? An einer Stelle klagte er sie wegen ihres Schweigens an. Aber es gibt nichts im Text, das seine Anklagen rechtfertigen würde. Im Gegenteil: *Sie* war an vorderster Front, nicht er; *sie* setzte sich der Strafe aus, nicht er. Er forderte Mut, aber sie war es, die die Folgen dafür tragen müßte.

Noch schlimmer: Hören wir auf den Midrasch. Als Ester ihn bittet, ein dreitägiges Fasten auszurufen, zieht er den religiösen Kalender hervor, überprüft die Daten und antwortet entrüstet: Unmöglich! Es fällt auf Pascha, es kollidiert mit unseren Feiertagen... Man kann es kaum glauben: Ester hat einen gefährlichen Geheimauftrag. Sie braucht Hilfe, Ermutigung, Unterstützung. Und alles, was er tun kann, ist, den *Schulchan Aruch*, den religiösen Verhaltenskodex zu zitieren.

An diesem Punkt hat Ester genug davon: Sie weist ihn zurecht: »Hör' zu, alter Mann«, schreit sie ihn an. »Natürlich kollidiert meine Bitte mit Pascha, und es ist richtig, daß es den Juden verboten ist, an Feiertagen zu fasten. Aber was würde mit Pascha geschehen, wenn es keine Juden mehr gäbe, um es zu feiern?« Angesichts solcher logischer Interpretationen der *Halacha*, der religiösen Weisungen des Judentums, gab Mordechai zu, daß sie Recht hatte.

Ester ist klug, gar gewitzt und äußerst diplomatisch. Jüdisch und stolz, jüdisch zu sein? Im ersten Teil der Geschichte verheimlicht sie ihr Judesein. Richtig, Mordechai forderte sie auf, es zu tun, aber sie muß eine fähige Schauspielerin gewesen sein, um es fertig gebracht zu haben. Man lese den Text, und man wird ihren Sinn für das Dramatische bewundern: Sie wußte, wie man Spannung aufbaut, wie man Ereignisse und Menschen manipuliert. Sie erscheint vor ihrem königlichen Gemahl, ohne ihre wahren Absichten kundzutun. Anstatt ihm gerade heraus zu sagen: Mein Wunsch ist es, meine Brüder zu retten, sagt sie: Alles, wonach ich verlange, ist, daß Euere Majestät und Haman zum Abendessen in meine Gemächer kommen. Natürlich nahmen beide ihr Angebot an. Ahaschwerosch fragt sie: Und was wünscht du dir *nun*? Sie antwortet: Mein sehnlichster Wunsch ist es, daß ihr wiederkommt. Kaum zu fassen, die Juden fasten und Ester ißt und trinkt fröhlich mit dem König und seinem Minister! Der Midrasch fühlt die Notwendigkeit, ihr Verhalten zu erklären. Obwohl die Festessen auf den ersten Blick schwer verständlich sind, waren sie notwendig. Mehr als zuvor mußte sie ihr Judesein verbergen. Hätte sie die Einladungen nicht arrangiert, hätte sie sich womöglich verraten – nicht nur vor Haman und dem König, sondern auch vor den Juden von Schuschan: Sie alle mußten im Dunkeln gelassen werden. Wenn letztere erfahren hätten, daß Ester jüdisch ist, hätten sie sich viel zu sehr in Sicherheit gefühlt. Warum sich Sorgen machen, warum fasten, warum beten? Wir haben eine von uns im Palast. Das Argument klingt vernünftig, aber ich finde es dennoch beunruhigend, denn es beweist, daß sie ihr eigenes Volk an der Nase herumführte. Sicher, sie wußte bereits, daß manchmal der Zweck die Mittel heiligt – oder etwa nicht? Man sehe sich nur einmal an, was sie aus dem alten Ahaschwerosch gemacht hat: Sie verwandelte ihn in eine Possenfigur. Und Haman? Sie lockte ihn in die Falle eines billigen Melodramas. Die Bibel sagt, es geschah während des zweiten Essens. Der König hatte zu viel Wein getrunken und ging ein wenig im Garten spazieren. Haman blieb allein mit Ester. Plötzlich stolperte er und viel auf sie. Sein Pech, denn genau in diesem Augenblick kam Ahaschwerosch zurück. Ester, cool und unerschrocken, sagt dem König: Siehst du, er wollte mich hinter deinem Rücken verführen. Nun, das war das Ende von Haman. Aber halt: Die Beschuldigung war falsch! Haman hatte nie im Traum daran gedacht, Ester zu verführen. Er war ein treuer Ehemann und guter Vater. Er war glücklich verheiratet. Seresch, seine Frau, war gleichzeitig seine Verbündete, seine Vertraute. Er unternahm nichts, ohne sie zu fragen – und Ester hat dies ohne Zweifel gewußt. Warum also hat sie ihn kompromittiert? Warum hat sie… gelogen?

Die Auffassung, daß Haman sie nie verführen hätte wollen, bringen einige Midraschtexte in Zusammenhang mit ihrem Alter. In der Heiligen Schrift wird sie als jung und hübsch beschrieben. Nicht so im Midrasch. Während Raw sie für vierzig hält, behauptet sein Gegenspieler Schmuel, der ihn stets übertreffen will, sie wäre achtzig gewesen. Der *Rabannan amru*, der rabbinische Konsens, schließlich lautete: fünfundsiebzig. Das bedeutet, ihre Wirkung auf den König hatte nichts mit ihrer Jugend zu tun. Sie muß noch weitere Qualitäten gehabt haben. Der Midrasch erwähnt ihre prophetischen Kräfte, ihre Anmut, ihre Frömmigkeit. Sie aß koscher, sie blickte nie auf andere Männer als auf Mordechai, und während Haman seinen Plan zur Vernichtung der Juden ausheckte, war sie damit beschäftigt, ihr Haus auf Pascha vorzubereiten: In Kürze, sie war eine gute, jüdische Hausfrau. Ihre Ehe mit Ahaschwerosch? Nennen wir es Selbstaufopferung. Der Sohar bietet eine viel außergewöhnlichere, ja absonderliche Hypothese an: Es war nicht Ester, die mit dem alten König zusammenlebte, sondern ein Dämon, der aussah wie sie.

Klar, daß der Midrasch maßlos übertreibt, weil er Esters zweischneidiges Verhalten erklären will.

Es gilt, noch eine weitere Größe in unserem Stück zu untersuchen, die Gegenwart der jüdischen Gemeinde. Schließlich sind die Juden von Schuschan die wirklichen Protagonisten in diesem Drama. Ihr Schicksal steht auf dem Spiel. Ihr Leben ist in Gefahr, ihre Kinder sollen dem Mörder übergeben werden. Und dennoch, sie bleiben im Hintergrund; sie sind eher Objekt als Subjekt ihrer eigenen Geschichte. Niemand fragt sie nach ihrer Meinung, niemand erkundigt sich nach ihren Wünschen, niemand stellt sie vor die Wahl. Ihnen wird gesagt, was sie zu tun haben und wann: wann sie fasten sollten, wann feiern, wann kämpfen, wann sich verteidigen, wann sie Rache nehmen und wann sie siegen sollten. Diesen Eindruck erhält man aus der Bibel. Sie sind passive Zuschauer. Zu passiv?

Im Midrasch fühlt man eine Spannung zwischen ihnen und ihren zwei Leitfiguren, Mordechai und Ester, die jüdischer, gottergebener sind als die übrigen. Die anderen beispielsweise nahmen an dem gigantischen Festmahl teil, zu welchem Ahaschwerosch eingeladen hatte. Der Midrasch macht ihnen deswegen Vorwürfe: Wer waren die Gäste bei der großen Festivität? Jüdische Honoratioren, die gute Beziehungen mit der königlichen Verwaltung aufbauen wollten. Rabbi Hanani ben Pappa geht weiter, indem er ausführt, daß die *G'dolei Hador* zu den Festgästen zählten, die Meister, die Würdenträger, die Anführer jener Generation. Plötzlich jedoch rannten sie davon.

Das königliche Festmahl wird vom Midrasch scharf verurteilt: daran teilgenommen zu haben, wird als Sünde betrachtet. Warum, fragt der Midrasch, gelang es Haman um ein Haar, seine verbrecherischen Pläne in die Tat umzusetzen? Weil Juden an der Party teilnahmen. Gemäß einer Quelle waren es 18 500 Juden, die aßen, tranken und sich von dem Luxus und Glanz des Palasts verführen ließen. Deshalb war es für Satan ein Leichtes, sie bei Gott zu denunzieren, der seinen Argumenten nicht widersprechen konnte.

Aus all dem erfahren wir, daß es eine riesige, blühende Gemeinde in der persischen Diaspora gab, eine Gemeinde mit ihren Weisen und deren Schülern, mit Händlern und Kunden, Reichen und Armen. Dennoch, ein kleinerer Zwischenfall, eine einzige Laune, eine Enttäuschung seitens des Königs oder seiner Königin vermochte es, sie aus dem Gleichgewicht zu bringen, die Sicherheit und die bloße Existenz aller Juden im ganzen Reich zu bedrohen.

Erinnern Sie sich: Am Beginn der Erzählung spielten die Juden keine Rolle. Beim König und seiner Königin hing der Haussegen schief; einige Politiker trieben ihr übliches Intrigenspiel – und das war schon alles: Kein Jude war in die Ereignisse verwickelt. Dann plötzlich entbrannte der Zorn des Ahaschwerosch auf Waschti, und die Juden werden verfolgt. Haman strebt nach Macht, und die Juden sind in Gefahr.

Deutlich wird, daß Haman die Juden kannte; er wußte viel über sie. Zu Ahaschwerosch sagt er: »Sie haben keinen Respekt vor dir, mein Herr. Beobachte sie nur! Wenn eine Fliege in ihren Becher fällt, holen sie sie heraus und trinken den Wein weiter; aber wenn du den Becher berührst, halten sie den Wein für unrein.

Was sagt uns diese Episode? Zum einen, daß die Juden von Schuschan fromme Leute waren, zum anderen, daß Haman sich der Mühe unterzog, die jüdischen Vorschriften zu studieren, auch diejenigen, die uns angeben, welcher Wein koscher und welcher unkoscher ist.

Bisweilen war seine Meinung über die Juden auf gewisse Weise schmeichelhaft. Er sagte uns internationale Macht von unbegrenztem Ausmaß nach und war überzeugt, daß wir unablässig damit beschäftigt sind, uns gegenseitig und dem jüdischen Volk insgesamt zu helfen. Wenn er nur Recht hätte...

Aber jedwede negativen Äußerungen, die Haman auf Erden über die Juden machte, wurden im Himmel in positive verwandelt. Beispiel: Als Haman zu König Ahaschwerosch sagte, »Siehe, dieses Volk ist nur seinen eigenen Traditionen treu, seiner eigenen Sprache, seinen eigenen Gesetzen, seinen eigenen Gewohnheiten, seinen eigenen Erinnerung«, wiederholte der Engel Michael seine Worte im Himmel und sagte zu Gott: »Schau', Herr der Welt, schau' auf Dein Volk, und wie sie Deine Weisungen befolgen, und wie sie den Glauben an Dich bekennen.« Und am Ende fügte Michael hinzu: »Du mußt es zugeben, Herr der Welt, Dein Volk wird nicht des Diebstahls, der Hurerei, des Götzendiensts angeklagt, sondern nur der Tatsache, daß sie Juden bleiben wollen. Wie kannst Du sie nicht vor dem Massaker retten?«

Schließlich kam Haman auf die Idee, ein Festessen einzuberaumen, um einige Juden zu bestechen. Er wußte, daß sie in ihren feinsten Gewändern daran teilnehmen würden und damit Satan die beste Gelegenheit böten, sie bei Gott zu verleumden: »Nun, schau' auf Deine Juden. Sie lassen es sich gut gehen und haben vergessen, daß der Tempel, der ihnen und Dir gehörte, in Ruinen liegt; sie haben Deine Gnade nicht verdient.« Gott blieb nichts anderes übrig, als sich Satans Logik zu beugen; darum ließ er ein Pergament kommen, um das schreckliche Verdikt zu unterschreiben, das das ewige Volk verdammte, aus Zeit und Geschichte zu verschwinden.

Hamans Plan war perfekt, sein Zeitplan ausgeklügelt. Aber dann ging etwas schief. Ahaschwerosch änderte seine Meinung. Er weigerte sich, die Rolle zu spielen, die ihm Haman zuschrieb. Er beschloß, es sei unklug, mit Israel und dem Gott Israels zu streiten. Sein Argument: Wer sie auch immer in der Vergangenheit herausgefordert hat, ihm blühte stets ein tragisches Ende. Er zitierte sogar Beispiele: Pharao, Nebukadnezzar, Amelek... Haman versucht ihm zu versichern: Ja, das war früher, damals als Er und Sein Volk noch jung waren, jetzt aber ist Er alt und müde. Du willst Beweise? Der Tempel *wurde* zerstört, Jerusalem *liegt* in Ruinen, die Juden *wurden* zerstreut. Siehst du? Du brauchst dich vor Ihm nicht zu fürchten.

Am Ende gab König Ahaschwerosch seine Zustimmung. Das Gesetz wurde promulgiert, die Pläne erstellt, der Zeitpunkt festgelegt. Alles, was die Mörder und ihre Opfer nun tun konnten, war abzuwarten.

Und während sie warteten, malt sich der Midrasch einige atemberaubende Szenen von dort oben im Himmel aus, wobei Engel und Seraphim, in Trauergewändern gekleidet, der Tora folgen und laut zu weinen beginnen: Wie sollen wir ohne die Kinder Israels leben? Zu spät, war die Antwort. Der Erlaß ist unterschrieben; unmöglich, ihn zu widerrufen. Deshalb beeilte sich der Prophet Elija, um die drei Patriarchen Abraham, Isaak und Jakob aus ihrem Schlaf zu wecken. Wie könnt ihr in Frieden schlafen, wenn euer Volk verdammt ist? Sie fragten, ob der Erlaß mit Lehm und Blut unterschrieben ist. Glücklicherweise war er nur mit Lehm unterzeichnet. Gut, sagten die Patriarchen, laßt uns beten.

Mittlerweile sammelten sich unten auf der Erde zweiundzwanzigtausend Kinder um ihre Lehrer, um gemeinsam zu fasten und die heiligen Schriften zu studieren. Ihre Mütter brachten ihnen zu essen, aber sie lehnten es ab: Sie wollten an den kollektiven Gebeten ihres Volkes teilhaben. Plötzlich aber schlossen sie ihre Bücher und gaben sie ihren Lehrern zurück. Sie sagten: »Ihr habt uns im Namen Mordechais versprochen, daß wir dank der Tora vom Unheil verschont bleiben würden, daß die Tora Israels das Volk Israel beschützen würde. Nun müssen wir erkennen, daß dem nicht so ist...«

Denn sie, die Kinder, waren dazu bestimmt, als erste ermordet zu werden – ebenso wie Jahrhunderte später, die jüdischen Kinder die ersten waren, die zum Tode verurteilt waren. Aber die jüdischen Kinder von Schuschan *bewegten* Gottes Herz. Die Katastrophe wurde vereitelt. Ein Wunder geschah: Gott würde das Massaker an zweiundzwanzigtausend jüdischen Kindern nicht zulassen.

Und deshalb feiern wir Purim mit solcher Freude und Inbrunst: Um dem Mitgefühl Gottes für Seine Kinder zu gedenken. Selbst Seine Geduld scheint eine Grenze zu haben; selbst Sein Schweigen.

Zum Schluß eine Frage: Wenn es in der Tat ein von Gott gewolltes Wunder gab, warum erscheint dann Sein Name nicht in der Erzählung? Daß er vor und während der Katastrophe Sein Gesicht verbarg, ist vorstellbar, denn es geht einher mit dem traditionellen Konzept des *Hester-Panim*, der Gottesfinsternis. Aber warum hielt er *nach* dem Ereignis Seinen Namen von dem Buch fern?

Ich bin überzeugt, daß es eher mit dem Ende als mit dem Beginn der Geschichte zu tun hat. Wie hört die Geschichte auf? Die Juden sind gerettet, Haman wird gedemütigt und schließlich erhängt, ebenso seine zehn Söhne. Und als wenn dies nicht genug wäre, erhalten die Juden die Erlaubnis des Königs – unterzeichnet von Mordechai –, sich zu rächen und ihre Feinde zu töten.

Ich gebe zu, daß ich diesen Teil des Buches Ester nie verstanden habe. Schließlich war doch die Katastrophe verhindert; das Massaker hat nicht stattgefunden. Warum also dieser Aufruf zum Blutvergießen? Fünfhundert Männer wurden in Schuschan an einem Tag umgebracht, dreihundert am nächsten. Fünfundsiebzigtausend Personen verloren anderswo ihr Leben.

Tatsache oder Fiktion? Die Frage bleibt: Wie konnten unsere Vorfahren inmitten solchen Mordens Purim feiern? Ist dies der Grund dafür, daß wir uns betrinken sollen? Um besser vergessen zu können? Um die Grenzen zwischen Realität und Phantasie zu verwischen, und um zu glauben, alles sei nur ein böser Traum? Oder ist dies eine Art, mit unseren versteckten Frustrationen umzugehen? An *einem* Tag im Jahr uns die Gewalttaten im Geiste auszumalen – während Purim, als sei alles nur ein Spiel –, als ob wir uns damit die Lektion erteilen wollten, daß sie an all den anderen Tagen verboten sind?

Dies muß die Erklärung dafür sein, warum Gott seinen Namen dem Buch Ester vorenthielt: Er weigerte sich, mit seinem Ende, mit dem Blutvergießen, in Verbindung gebracht zu werden. Dies war seine Art zu sagen: Schreibt dies mir nicht zu! Ich habe damit nichts zu tun. Ihr wolltet die Rache? Gut, aber macht mich nicht dafür verantwortlich.

Denn Judesein heißt, das Recht vererbt zu bekommen, unsere Feinde – die unwillkürlich auch die Feinde der Menschheit sind – zu bestrafen, es aber nicht zu tun.

Was hinterläßt diese schöne und beunruhigende Geschichte in uns? Den Eindruck, daß sie weder Mythos noch Fiktion darstellt, sondern alltägliche Realität. Man muß sich umsehen und fragen, ob nicht irgendwo eine unnötige Handlung unser Leben oder das unserer Kinder in Frage stellt.

Der Talmud lehrt uns – befiehlt uns – die Geschichte der Ester vom Beginn an zu lesen. Man darf die *Megilla*, die Buchrolle der Ester, nicht von hinten lesen, indem man mit dem Wunder anstatt mit der Gefahr beginnt.

Der Baal Schem Tow kommentierte: Was ist der Sinn dieser seltsamen Verfügung? Was soll an Rückblenden falsch sein? Der Sinn, so der Bescht, liegt darin, die Erzählung nicht allein als ein Geschehen der Vergangenheit zu sehen: Sie wird immer in die Gegenwart hineinreichen – und in die Zukunft.

Was ist Purim? Im Grunde genommen ist es nicht so sehr eine Geschichte der Verfolgung als eine Feier der Erinnerung.

Glossar

Aggada: Legende, Erzählung
Akedah: Bindung (»Opferung«) Isaaks
Alija: Einwanderung nach Israel
Aleph-Bet: Hebräisches Alphabet

Bet Midrasch: Studierhaus
Bescht (Israel Baal Schem Tow):
   Meister des guten Namens

Chacham: Weiser
Chamass: Gewalt

Ger: Fremder

Halacha: Religiöse Weisungen
Hohe Feiertage: Rosch Haschana und Jom Kippur

Jom Kippur: Versöhnungstag

Kabbala: Mystik
Kaddisch: Totengebet
Kidusch Haschem: Heiligung des Namens Gottes
   durch Märtyrer
Kemosch: Name eines moabitischen Gottes

Maggid (plural: Maggidim): Prediger
Merkaba: Himmlischer Thronwagen

Parascha: Wöchentlicher Tora-Abschnitt
Pascha: Pascha-Fest
Purim: Losfest

Rosch Haschana: Neujahrsfest

Sanhedrin: Hohenrat, Gericht

Schalom: Frieden, Gruß
Schawuot: Wochenfest, Pfingsten
Schechina: Göttliche Gegenwart
Schofar: Widderhorn
Schulchan Aruch: Verhaltenskodex
Simchat Tora: Fest der Torafreude
Sohar: Buch des Glanzes,
    mystischer Kommentar der Tora

Tannaim: Erste talmudische Meister
Tephillin: Gebetsriemen
Tora: Weisung; die fünf Bücher Mose

Zaddik: Gerechter